JENTEBOKA
女孩之书

［挪威］妮娜·布罗克曼　［挪威］艾伦·斯托肯·达尔 著
［挪威］玛格尼尔·文斯纳斯 图　　郭在宁 译

目 录

前　言　　　　　　　　　　　　　　　　5
青春期开始了　　　　　　　　　　　　　7
矮还是高？　　　　　　　　　　　　　　13
乳　房　　　　　　　　　　　　　　　　19
髋部、臀部和大腿　　　　　　　　　　　29
茁壮生长的毛发　　　　　　　　　　　　35
痘痘发作　　　　　　　　　　　　　　　43
汗　　　　　　　　　　　　　　　　　　51
生殖器　　　　　　　　　　　　　　　　59
生　育　　　　　　　　　　　　　　　　65
分泌物　　　　　　　　　　　　　　　　75
月　经　　　　　　　　　　　　　　　　81
我们为什么会有月经？　　　　　　　　　87
恼人的月经：疼痛、痉挛和腹泻　　　　　97
关于卫生巾、卫生棉条和月经杯的一切　　103
月经贫困　　　　　　　　　　　　　　　121
与月经有关的疾病　　　　　　　　　　　127
阴　蒂　　　　　　　　　　　　　　　　133

阴道瓣	137
双性人	145
什么是女孩？	151
理智与情感	159
未发育完成的大脑	163
什么是情绪？	171
负面情绪与心理健康	181
追求完美的一代	191
与他人亲近	197
爱上一个人	199
亲吻和亲热	211
下体刺痛	217
亲密阶梯	221
性侵犯	233
裸　体	239
界　限	243
后　记	247

前　言

你好，我们的名字是妮娜和艾伦。我们是医生，也是身体专家，我们很高兴你能拿起这本书。

很快，你的身体就要开始发生变化，这些变化很可能已经开始发生了。我们为你感到激动，因为我们至今仍非常清楚地记得我们自己在你目前这个阶段的感受。虽说每个人在青春期经历的事都有很大差别，但无论是在心理上还是身体上，大家都会变得成熟。你会从孩童变为成年人，在世界上找到你的一席之地。这是一段既让人焦头烂额又无比美妙的时光。

青春期是充满挑战的，因为身体和心理都在不断变化，想回答那些困扰你的问题并不那么容易。或许老师和父母还没有告诉你关于你想要了解的一切，但你可以在这本书中找到答案。根据我们的经验来看，掌握青春期的知识会让自己更沉着、更自信。

我们俩，以及世界上的所有女人，都在你之前经历了青春期。我们遇到过很多困难，但我们并不孤单，我们希望这本书能够带给你同样的感受。要记住，有一支庞大的女孩队伍在鼓励着你，我们非常开心邀请你加入这支队伍！

妮娜和艾伦

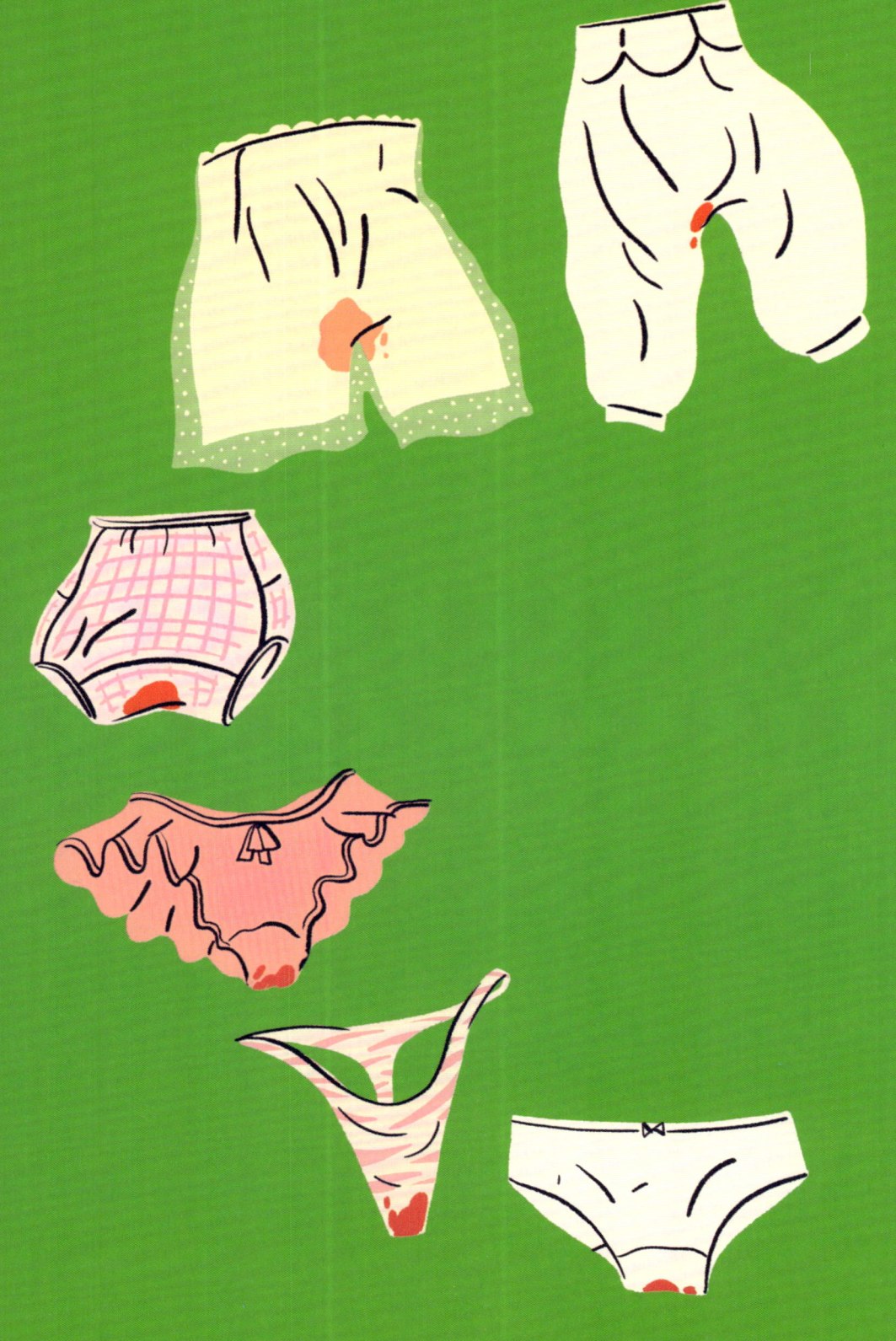

青春期开始了

青春期这个词由拉丁语而来，意思是"成熟"或"成年"。变成熟意味着你身体的内部和外部都在做准备，让你可以照顾好自己，而且在你愿意的情况下，也可以有下一代。

对大多数女孩来说，胸部是最先发生变化的地方，之后你的双腿之间和腋下会长出新的毛发。同时，你开始长高，长高的速度可能非常快。暑假过后，你可能突然比班里的男同学高出一头。

你身体内部也在悄悄发生着变化，体内的性器官开始活跃起来。第一个信号是你的内裤上会出现一块白色物质，这是分泌物。有了分泌物就说明不久之后你会来月经。月经是你身体在青春期发生的最后几件事之一。开始来月经之后，你身体内部和外部就已经变得成熟了。但还有一个最重要的部分依然在发育：大脑。大脑直到20多岁才会发育完全。

青春期什么时候开始？

每个人进入青春期的时间千差万别。有人在8岁的时候双腿之间就长出了毛发。有人直到14岁都没有看到青春期的迹象。但通常来说，女孩的胸部会在10岁左右发生变化，月经会在13岁之后出现。男孩进入青春期的时间会比女孩晚一到两年。这就意味着在小学和初中阶段的很长一段时间里，女孩和男孩的身体与行为会有很大不同。

> 放轻松！每个人都会进入青春期，只是时间不同而已。

我们为何如此不同？

许多事情影响着我们进入青春期的时间。例如，我们的家庭，我们的食量，我们的睡眠时长。这些因素有什么共同之处呢？那就是它们都会影响我们的大脑。而我们大脑中产生的特殊物质会决定青春期何时开始，这些物质叫作激素。

比方说，如果你睡得太少或吃得太少，你的大脑就无法生产出开启青春期所需的各种激素。大脑会认为你需要休息更长的时间，才能够开始进行让身体发育这项辛苦的工作。激素控制着身体，让身体知道什么时间才可以开始变化。

激素是什么？

激素不仅在大脑中产生，你身体里很多其他的部位也会产生激素。激素会在你的血管里流动。你的身体会用激素传递任务信号。

比方说，大脑会给子宫传递一个信号说："到了来月经的时候了。"当子宫完成了工作，大脑就会收到激素的反馈，了解任务进程。"任务完成了！月经结束了！"

激素是做什么的？

我们的激素决定着青春期的开始时间、发展速度和结束时间。有些激素让我们成长，有些让我们坠入爱河，还有些会让我们感到饥饿或疲惫。很多激素在夜里我们睡觉的时候工作效率最高，因为这时你的身体是平静的，而激素正需要在这种状态下工作。这就是为什么在青春期保证充足的睡眠至关重要。只有这样，我们才能按照最合适的方式成长发育。

性激素

性激素在青春期尤为重要。因为性激素会让我们的身体从儿童状态转变为男人或女人的状态。雌激素是女性性激素，雄激素是男性性激素。雌激素让女孩的胸部发育,身体获得更多的脂肪。雄激素让男孩长出胡子和体毛,声音变得低沉,长出更多的肌肉。在女孩和男孩的身体里,这两种激素都存在。事实上,女性性激素会让女孩在青春期长痘痘、皮肤变油,也会让女孩长出新的毛发。

什么是女孩?

如你所见,我们在写女孩和男孩、女性性激素和男性性激素、男人和女人的身体。但有一点很重要:人拥有的身体并不一定匹配他们所属的性别。有的男孩拥有女孩的身体,有的女孩拥有男孩的身体。

有的人同时有两种身体特征,而有的人是第三种性别,既不是女孩也不是男孩。做一个女孩有许多种不同的方式。很难说本书中的内容会适合所有人,但无论你是不是女孩,我们都相信你会在这本书里找到与自己有关的内容。

矮还是高?

今天,妮娜的身高刚刚过160厘米,而艾伦已经有170厘米左右了。挪威女性的平均身高是167厘米,所以妮娜几乎是最矮的,艾伦属于中等个头。你或许以为这两个人一直是这样,妮娜一直都是最矮的。但事实并非如此。曾经,妮娜比艾伦高。妮娜12岁的时候,是班里最高的,反而艾伦在整个初中时期一直是最矮的。那么妮娜和艾伦怎么就调个儿了呢?

我们在青春期成长

从出生那天开始,我们的成长就是分阶段的。在婴儿时期,我们飞快地长大,常常一个月就能长几厘米。之后我们的成长速度放缓。在童年时期,我们以平稳的速度每年长几厘

米。而当青春期到来后,我们的身体又开始快速生长。这个阶段叫作快速生长期。我们一年就能长高 10 厘米!

这样的快速生长有时会带来烦恼。突然间,你所有的衣服都变小了。而不同骨骼的生长速度常常不一样,所以你会开始觉得身体的不同部位如同散落的拼图。胳膊和腿的生长速度比身体其他部位快得多,这会让你在一段时间里看起来笨手笨脚的,身体比例不协调。幸运的是,身体最终会恢复平衡,所有的拼块最后都会拼到一起。

我们大脑产生的生长激素,决定着我们的成长程度和速度。生长激素顺着血液到达全身,传递着一个清晰的信号:"成长的时刻开始了!"

骨头和软骨

我们的骨骼系统由 200 多块骨头组成。它们收到大脑送出的生长激素后会按照指

示工作，开始生长。长在你手臂和下肢的长骨负责了大部分的生长工作。我们的骨头只会在孩童时期生长，因为儿童骨骼的两端有软骨组成的特殊生长区，当生长区接收到生长激素的信号时，就会形成新骨头，骨头就会越来越长。到青春期末期，一块块软骨会变成硬骨。之后，无论大脑是否再产生生长激素，骨骼都无法继续生长了。大多数人的生长区在 16 岁到 20 岁之间会完全消失。

> 你知道自己会在开始来月经的两年之后不再长高了吗？

即使你的骨骼失去了生长能力，你身体的其他部位也会继续生长。比方说，你的鼻子和耳朵会继续听命于生长激素，变得更大。你的面容也会在你不再长高之后继续发生变化。

月经和身高

生长幅度最大的时期会持续一年左右。然后一个新角色会如约而至：你的月经。开始来月经之后，你的身体会以较慢的速度生长，直到最终停止生长。停止生长的时间大约在你第一次月经的两年后。这时候你就达到了自己的最高身高，即使到了成年也不会再长高了。

这也意味着你的月经开始得越早，你停止生长的时间就越早。因此，进入青春期较早的女孩通常比较晚的女孩矮一些。这是个普遍规则，但规则总有例外。如果你在开始来月经的时候已经很高了，那么你可能很快就会变成学校里最高的女生。毕竟，早来月经并不会让你变得更矮。

你是否已经猜到了妮娜和艾伦的身高为何调个儿了呢？妮娜10岁的时候就开始来月经，12岁的时候就不再长高了。而艾伦第一次月经的时间比妮娜整整晚了五年，因此有足够的时间长得比妮娜高。

长高会痛吗？

很多儿童都会在青春期之前和青春期期间患有生长痛。虽然生长痛无害，但会导致大腿肌肉产生不舒服的疼痛。这种疼痛通常发生在晚上，主要在小腿后部和大腿前部的大块肌肉处。一次疼痛通常要持续半小时到一小时才能消失。生长痛会自行停止，不需要吃药，也无需任何其他治疗。

你会长到多高？

我们会长到多高通常取决于我们父母的身高，所以说身高是会遗传的。如果你想知道自己能长多高，可以用这个公式计算：

把你爸爸妈妈的身高加起来，减去13厘米，再除以2。

计算结果给你提供的是你最有可能长到的身高，不过还是会有很多出入。你的身高可能会和这个数值相差10厘米。尤其是当你的父母有一方特别高或者特别矮的时候。

这个公式对男孩来说基本上同样适用，只不过他们要加上而不是减去13厘米。

乳　房

乳房有各种形状、大小和颜色，可能会像面包那样大而软，也可能会像李子那样小而结实。有的乳房看起来像滑雪跳台，而有些则两侧向内指向彼此或向外朝向腋窝。乳头也各不相同，有的看上去像小盘子，有的和硬币差不多。有些乳头向内，有些则向外。

坚硬而敏感的肿块

对于大多数女孩来说，乳房是青春期最先发生变化的地方。首先，乳房开始肿胀，在皮肤下、乳头后面，你会感觉有一个坚硬而敏感的肿块在你的手指之间移动。一开始你可能只有一侧有感觉。在你的乳房和乳头生长的过程中，你会在趴着睡觉的时候感觉不适，或是在衣服直接摩擦到那里的时候感到疼痛，尤其在有人轻轻撞到你的乳房时，你会感觉很痛。

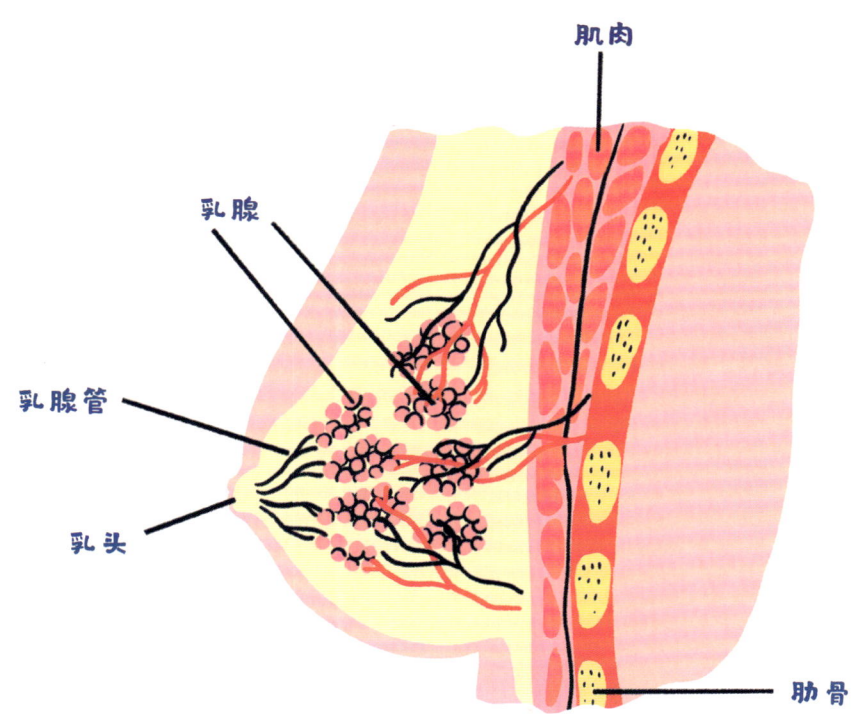

乳房是如何生长的？

从感到皮肤下的硬肿块那一刻起，乳房会在几个月的时间里发生更多变化。乳房开始慢慢鼓起，乳头轻微凸出，同时周围也会有微弱的胀痛。乳房继续这样向外生长，大约两年后结束。不同的乳房能长到多大千差万别，这取决于基因。有些家族中的女性乳房很大，而另一些家族中的女性乳房则很小。

一侧的乳房比另一侧大是很正常的事情，而且在青春期两侧乳房发育同步之前，区别可能会更明显。大多数女性在生长完成后，一侧乳房仍然比另一侧大一些。出于某种奇怪的原因，左侧的乳房通常更大。

认识自己的第三个乳房

每个人都有乳头，大多数人有两个，胸部左右两边各一个。但你知道吗，世界上有超过 1% 的人在出生时有 3 个（或更多）乳头？多出来的乳头可能长在两个正常乳头的正上方或正下方，可能靠上到腋窝，也可能靠下到腹部。它通常看起来像颗痣，但到了青春期有可能会发育，变成一个小乳房。如果发生这种情况，一般都会做个小手术把它摘除。

人类之所以会长第三个乳房，是因为我们从胎儿发育到婴儿的过程中，腹部有可能长出很多个乳房，就像我们的动物朋友小猫小狗一样。多余的乳头是进化对我们的巧妙提醒：我们也来自动物王国。

乳　头

乳头的颜色有很多种。可能深得接近黑色，也可能浅到淡粉色。大多数人的乳头比乳房凸出一点，但有些人的乳头是凹陷的。发育完全后它们最终会凸出来。两个乳头看起来完全不同是很正常的，没有人的身体是两边完全对称的，或者说是一模一样的。

乳头通常很软，但有时候会变硬，乳头变硬时可能会凸出来。能够让乳头变硬的因素有很多，比如感觉到寒冷、给婴儿喂奶、性唤起、感觉到痒或者受到惊吓。

乳　晕

乳头周围有一个美丽的拉丁文名字：乳晕。在青春期，乳晕的范围会变大，乳晕和乳头的颜色都会变深。颜色取决于你的肤色，以及乳晕开始变化前的颜色。正如胯下和腋窝会在青春期长出较粗的毛发，乳晕边缘有一些又长又粗的毛发也是完全正常的。

我们为什么有乳房？

年轻的时候，我们可能很在意乳房的样子，但乳房的作用不仅仅在于它的外观，乳房的存在有非常实际的作用。我们人类是哺乳动物，和其他哺乳动物一样，我们通过乳腺和乳房为婴儿提供必不可少的食物。

如果你挤压自己处在发育中的乳房，你会感觉到里面有很多小疙瘩，以及分布不均匀的肿块。我们采访过的很多女孩都想知道这些小肿块是否危险，其实这些肿块是非常正常的。每个人都有这些肿块。肿块是装满了脂肪的乳腺和乳腺管。

乳汁的产生是由大脑中的激素控制的，如果有一天你怀孕了，乳腺就会变大，乳汁准备通过乳头上微小的管道流出喂养宝宝。激素系统非常聪明，只要想一想你的宝宝，乳汁就会从你的乳房里涌出。

乳房问题

乳房很可爱，但会给有些人带来麻烦。有些女孩的乳房太大了，给身体带来很大负担。这种情况可能会造成肩部、颈部和背部疼痛。身体背部的肌肉也会因为托起乳房而感到疲惫。这种感觉就像是一直随身携带一个沉重的背包，而这个背包只能放在你的胸前。绝大多数人可以通过穿着支撑性良好的胸罩来解决这个问题。

男孩和乳房

女人和男人比你想象中的要更相似。在青春期，多达一半的男孩的乳房会发育，我们称之为男性乳腺发育。年轻男孩的乳房发育是因为他们在青春期时血液中有更多的激素。对大多数男孩来说，这种发育会在不到两年的时间内自行逆转。

而对于其他少数人,这是个严重的问题,需要依靠手术让乳房缩小。这种类型的手术叫作乳房缩小成形术。

对于一个人的乳房是否"过大"其实并无标准。对有些人来说的过大对其他人来说可能恰到好处。是否需要手术取决于你自己和你的症状。比如说,世界上天生乳房最大的女性安妮·霍金斯(Anne Hawkins)说她永远都不会做手术。她乳房的重量从来没有让她背痛过。

还有些人会觉得自己的乳房太小,可能是相对于她们身体的其他部分而言的,也可能是跟自己的朋友比太小。在青春期,有这种想法很正常,不过大多数人会发现随着年龄增长,这种想法会变。而对某些人来说,这种想法不仅没有变,反而造成更大的困扰,比如她们长大成人后可能不敢交男朋友,或者不敢在别人面前洗澡。在这种情况下,有些人会选择通过手术来增大乳房。手术的方式是将盐水袋或硅胶放到乳房中。

改变乳房的手术称为乳房整形手术。如果有人因乳房产生严重的生理或心理问题,

帮助他们解决问题的手术费可能会由国家承担。但如果是出于某种外形追求，只是为了让乳房变大或变小，就要自费进行手术了。

在挪威，有一项法律规定，人们必须年满 16 周岁才能通过医疗方式改变自己的身体。如果要进行整形手术改变自己的外形，必须年满 18 周岁。这是因为应对身体形象的压力，是件很困难的事情，并不是所有人在青少年时期都清楚做手术的后果。人在青春期对自己的形象不满意是很常见的，所以这个规定是为了保护女孩，避免她们做出在之后的人生中可能会后悔的选择。

胸罩——你应该穿吗？

胸罩的作用是支撑乳房。你是否想穿胸罩，以及你想穿什么样的胸罩基本上是个人选择。这也与文化有一定的关系。我们的意思是，每个人都会受到他人的做法和想法的

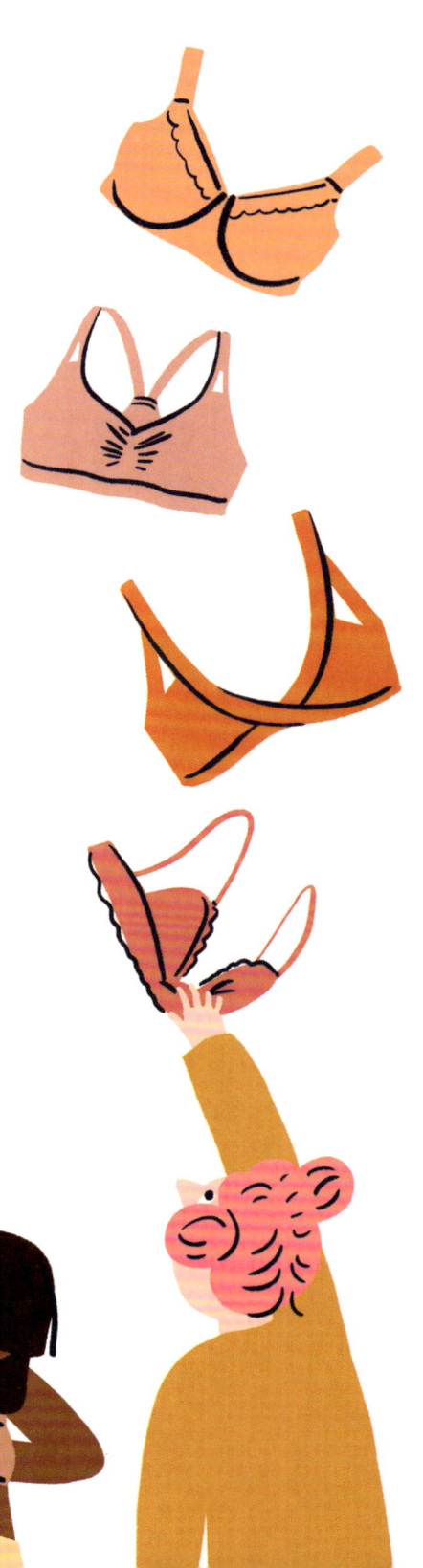

影响。在挪威，穿胸罩是常规做法，这意味着一些女性可能觉得她们必须穿胸罩才得体。

不论你穿不穿胸罩，都不会影响你乳房的样子。你不会因为不穿胸罩而乳房下垂！紧身的胸罩也不会阻碍你的乳房生长。

不同类型的胸罩

有的女性不喜欢穿胸罩，因为这样会感觉更自由、舒适。有的女性喜欢穿胸罩，因为胸罩可以保护乳头不被摩擦，还能在活动的时候防止乳房颠簸。还有的人穿胸罩是为了让自己的乳房看起来更挺拔，或保持一个特定的形状，又或者希望乳头不会在衣服下显现出来。

胸罩的类型多种多样。有的胸罩会把乳房压平并提供强有力的支撑，比如运动胸罩。还有的胸罩柔软而且富有弹性，让人几乎忘掉它们的存在。

有的胸罩是带钢圈、衬垫或其他支撑物的，这样能形成乳沟，让乳房看起来更大。大多数穿胸罩的人会在不同场合穿不同的胸罩。最重要的是要找到让自己舒适愉快的胸罩。

第一次购买胸罩指南

普通胸罩的尺码由数字和字母组成，比如 70A 或 85D。

如果你想知道自己胸罩的尺码，需要量一量自己上半身两个部位的周长。第一个是乳房正下方绕身体一周的长度，第二个是你乳房最高点（一般是乳头）处绕身体一周的长度。乳房下方一周的长度代表着你要选择的胸罩尺码中的数字，乳房最高处一周的长度代表着你应该选择哪个字母的罩杯尺寸。

很多人认为罩杯尺寸都是相同的——比如说 75B 和 90B 的 B 罩杯是一样大小。但事实并非如此。罩杯的尺寸代表的是两个周长之间的关系，必须对照尺码表进行查看。所有的内衣店都有尺码表，你可以对照表格确定自己的尺寸。如果你觉得尺码表不好理解（我们也会这样觉得），可以在店里寻求帮助。很多内衣店甚至可以帮你测量。

选择合身的胸罩很重要，千万不能过紧，那样会有损身体健康或者在皮肤上留下痕迹。如果你的乳房比较大，那么选择能够提供额外支撑的胸罩尤为重要。这种胸罩可能是宽肩带而且带有钢圈的。

髋部、臀部和大腿

在青春期，我们的骨骼不仅会变长，也会变宽。对女孩来说，髋骨会变得最宽。我们的髋骨呈环形，中间有一个洞——就像一个漏斗。我们的泌尿道、阴道和直肠都通过这个环从腹部穿出。

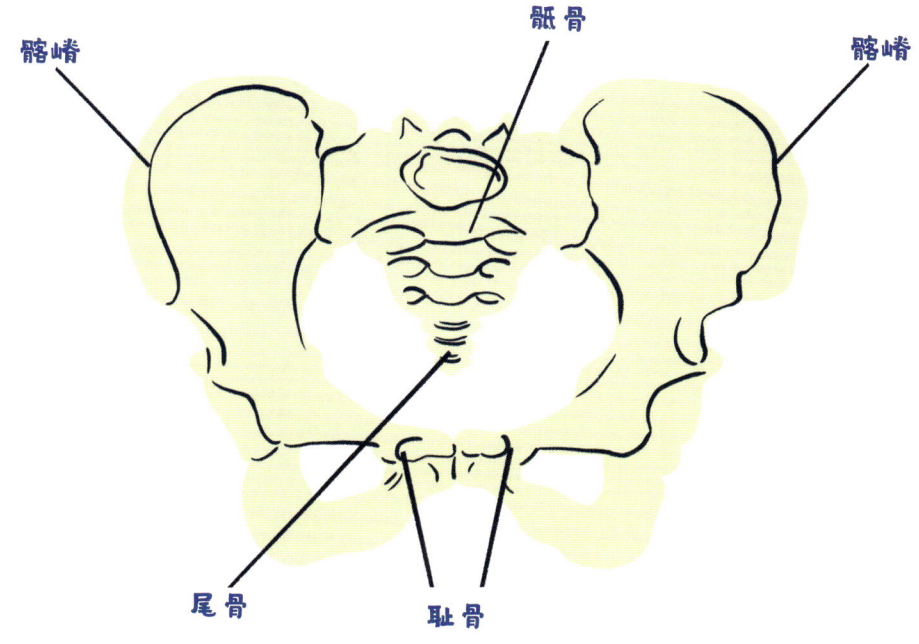

女孩的髋部变得更宽是为了让我们可以通过阴道生孩子。简单来说，就是我们的髋部内部比男孩需要更多的空间。女孩在青春期髋骨变宽的程度因人而异。从外观看，你的髋部很窄并不意味着你以后不能生孩子。关键在于"漏斗"内部的大小。

更多的体脂

在青春期，女孩的体脂会比男孩多。雌激素让女孩开始在一些部位储存脂肪，比如臀部、髋部、大腿和上臂。这种脂肪是为身体储存能量的，能量不足时会派上用场。

在青春期之前，我们的体形主要取决于我们进行了多少体育活动和我们吃的食物。男孩和女孩在力量和速度上没有太大生理差异。但到了青春期，女孩的肌肉占比要比男孩少，一些之前能做到的事情现在可能做不到了。这可能会让人感到沮丧。

有些女孩不喜欢自己的体形变化，认为是自己出了问题，或者觉得自己需要减肥。但其实所有女孩在青春期和青少年时期体重都会增加。这是健康、自然的现象，是我们从儿童到成人这段旅程中的重要一步。

每个女孩都是独一无二的

虽然雌激素会在青春期改变所有女孩，但大家依然看起来不一样。比如说，有些人会长得又高又瘦，而有些人会又矮又胖。你的外貌也会随着体重的变化而有所改变，但主要还是先天决定的。我们可以通过调节饮食和锻炼来增减体重和肌肉量，但基本上不可能重塑我们的体形。即使是想对我们天生的体形做出微小的改变，也需要大量的运动。

膨胀纹

大多数人的皮肤都会在一生中的某个时间出现膨胀纹。膨胀纹是和身体其他地方的皮肤颜色不一样的条纹。我们就叫它虎纹吧！它的出现是因为我们的身体生长得太快，皮肤跟不上了。这样皮肤就会伸展得太快，受到损伤。因此膨胀纹是一种疤痕，它们不会消失，但会随着时间慢慢变淡。

在我们成长的过程中，有些阶段出现膨胀纹是很正常的。青春期就是这样的阶段之一。除了青春期，人们在体重迅速增加或怀孕期间，也会出现膨胀纹。膨胀纹通常出现在大腿、臀部、乳房和腹部。

橘皮组织

橘皮组织指的是皮肤上的小凹陷，在挪威语中也被称为橘皮状皮肤，因为它们看起来像橘子皮上的小孔。大多数女孩都有橘皮组织，通常出现在臀部和大腿后部。这是正常的，对健康无害，而且是完全自然的。橘皮组织会随着体重的变化而变得明显或不明显，但小凹陷的多少主要还是取决于基因。所以说橘皮组织并不代表你缺乏锻炼或需要减肥。有些肌肉发达身材娇小的女孩也有很多橘皮组织，而有些大块头的女孩臀部几乎没有任何凹陷。

把橘皮组织想象成微笑的时候会出现的酒窝吧！

只是骗人的把戏

你可能见过广告牌里的女性没有一点橘皮组织,而且很想知道她们是如何做到的。其实,这通常是修图的结果——也就是欺骗,那些广告模特都练习过怎么摆姿势可以不露出橘皮组织。有各种各样的护肤品广告声称可以让你的皮肤更紧致,还能消除橘皮组织,但事实上并没有什么作用。没有什么有效的治疗手段可以摆脱橘皮组织。如果你问我们的建议,那我们想告诉你:与其担心屁股上的几个小坑,不如把时间花在更有趣或者更有用的事情上。

茁壮生长的毛发

毛发是身体进入青春期的头几个迹象之一。在你双腿之间和腋下，有一种新的毛发正在生长，这种毛发比你之前的任何体毛都要长和粗壮，通常跟你的眉毛一个颜色。有的人毛发完全是金色的，还有的人是红色、棕色或是黑色的。即使你的头发是直的，身体上的毛发也有可能是卷的。

一开始，你会看到自己的胯下有几根粗毛。一年后，两腿之间的粗毛变多了，你就数不过来了。最终，那里的毛发会变得像小灌木丛一样茂盛。毛发直到20多岁才会完全长完。长完后，毛发会覆盖女性的整个阴阜和外阴唇。毛发一直延伸到肛门，再到股沟，通常还会长到大腿内侧，从内裤边缘露出来，有些女性的毛发还会长到腹部。所有女性都会长腋毛。很多女孩，尤其是头发颜色很深的女孩，会注意到自己的嘴唇上方也长出了深色的毛发。

毛发很棒！

没有人确切了解，为什么人类在青春期时胯下和腋窝处会长出这种新毛发，但研究人员提出了很多种说法。首先，这些毛发能够很好地保护我们的生殖器不被外界弄脏，同时这些毛发也让我们更加敏感。在不接触皮肤的情况下抚摸手臂上的毛发，是不是很痒？

但最流行的说法是，毛发的作用是储存和传播体味。有研究认为人类和很多动物一样，会根据迷人的气味选择伴侣。我们通过嗅觉就能找到合适的另一半！

我们在青春期会长更多的毛发吗？

很多人认为我们在青春期会长更多的毛发，但事实并非如此。你的毛发其实和之前一样多，也就是说，你的毛发跟你小时候一样多。但这怎么可能呢？胯下不是长出了新毛发吗？还有那些突然连在一起的眉毛呢？难道人在婴儿阶段就有胡子了吗？

没错，婴儿确实有胡子。只是你没有注意到。我们在出生时，就已经有了上百万个小毛囊。这些毛囊在我们的皮肤里，在每个毛囊的底部，毛发缓慢而稳定地生长着。当你还是孩子的时候，毛发又细又软，颜色与你的皮肤大致相同，不过有些人的毛发会浅一点，有些人的会深一些。有的毛发几乎与皮肤融为一体，很难看到，但并不意味着它们不存在。你的身体上到处都有毛发！你的胳膊、大腿、下巴上都有。毛发会遍布你的全身。

随着年龄增长，我们会一直有这些毛囊。我们不会再长出任何新毛囊，这就意味着我们的毛发不会比我们出生时更多。

毛发发生了变化

虽然在青春期我们的毛发不再变多，但有些毛发发生了变化。我们的毛发会改变颜色，会变得更粗、更浓密。

在青春期，毛囊接收激素的信息，激素告诉它们要开始生长一种新毛发。有些毛囊会听从激素的指令，开始长出更长更粗的毛发。其他毛囊对这个信息充耳不闻，继续生产跟以前一样的毛发。基因决定了有多少毛囊对激素是敏感的——也就是会听从激素的指令——也决定了这些毛囊的位置。这就解释了为什么有些女孩的上唇或腹部有粗毛，而有些女孩的胯下几乎没有任何毛发。如果你的家人毛发都很多，你毛发多的可能性就更大。

毛发要留着吗？

今天，有些人选择保留体毛，而另一些人则选择剃除体毛。不像在很多年前，大家通常选择剃除毛发。因为当时社会上常见的做法是脱毛，所以很多人觉得有压力，只能把毛发剃掉。甚至有些人以为女性是不长毛发的，因为她们只见过剃了毛发的女人。而如今不脱毛是很常见的，很多人会留着自己的腿毛、腋毛和阴毛。

你自己做主

你可以自己决定是不是要脱毛。偶尔把毛发剃掉，然后在其他时候留着毛发也是完全可以的。做你想做的事！无论你选择做什么，重要的是要知道有毛发是完全自然的。就像男人一样，我们到处都有毛发。是否有毛发跟干不干净一点关系也没有。

关于脱毛的谣言

当妮娜进入青春期的时候，当下时髦的做法是剃掉腋毛。她真的很想试试，但又很害怕，因为妈妈警告过她脱毛会永远改变她的毛发。

其实这是个流传甚广的谣言。很多人认为脱毛会让毛发长得更多，变得更黑、更粗。我们问过一些成年女性，她们也认为一旦开始脱毛，就没有回头路了。原本只有几根毛的地方，剃过之后就会长出一片森林。

但这纯属无稽之谈。脱毛不会导致你长出更多或不同的毛发。剃一次看看是什么感觉，然后再让毛发长出来，是完全没问题的。一段时间后，毛发又会回到之前的样子。

毛发的历史

脱毛是个时尚话题，随着历史的发展，脱毛潮流发生了巨大的变化。早在公元前3万年，人们就已经开始练习脱毛了。早期人们把贝壳当作镊子拔胡子和体毛。从那时起，脱毛潮流风靡一时。例如，在古埃及，尽可能剃光所有的毛发是流行的做法。女性会剃除身上和脸上的所有毛发，甚至包括她们的头发！

但在15世纪，阴毛开始变得流行。唯一的问题是，人身上会长虱子，虱子喜欢生活在有很多毛发的地方。解决这个问题的办法是使用阴部假发，叫作假阴毛。这意味着人们可以把阴毛剃掉免得长虱子，又能够在双腿间拥有美丽的灌木丛。

近期的变化同样引人注目。在20世纪70年代，女性的腋下和双腿间有毛发是很常见的，而从21世纪开始，再次剃掉胯下所有的毛发又成了潮流。如今，20年过去了，越来越多的女性选择留着体毛。体毛又一次流行了起来！

如果你选择脱毛

如果你想脱毛,有很多方法可供你选择。最简单最常见的方法就是用剃毛刀脱毛。遗憾的是,剃毛刀容易导致皮肤出现痘痘,也可能会割伤、刺激皮肤,甚至还会引起皮肤发炎或毛发倒生。如果你正在为其中的任何一个问题苦恼,我们的脱毛技巧或许可以帮助你。当然,除了用剃毛刀,还有很多其他的方法,比如脱毛膏。

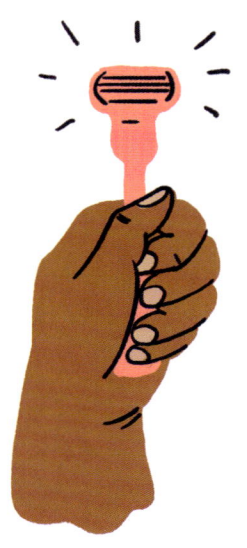

- 从父母那里借一把刀片干净的剃毛刀。

- 注意不要割伤自己。最好先在容易够到的地方练习,比如小腿中部。

- 仔细看看自己的毛发。它们朝哪个方向生长？你应该顺着毛发生长的方向剃毛，换句话说，顺着毛发贴在皮肤的方向。如果反方向剃毛，虽然剃的时候更容易，但毛发长出来的时候很可能会出现红色肿块、倒生或瘙痒。

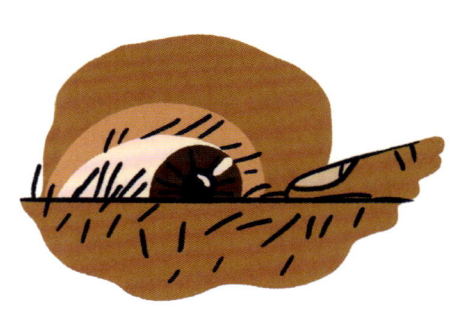

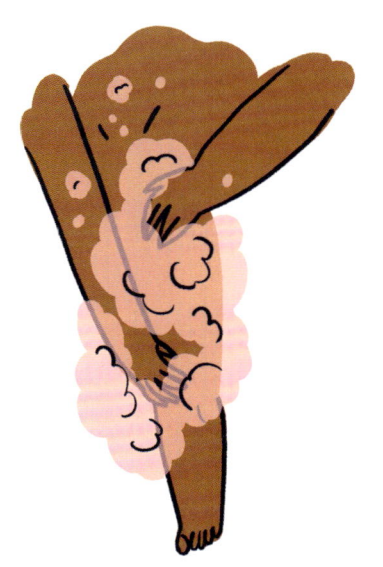

- 先冲个澡。清洗一下你准备要脱毛的部位。当你用刀片剃毛时，有时会不小心在皮肤上划出很多小口子。所以如果不先把皮肤上的细菌冲走，细菌就会导致伤口发炎。

- 在剃毛时，要记得用大量热水冲洗毛发并在相应的部位抹上剃毛泡沫膏。这样毛发就会变得更软，更容易剃除。

痘痘发作

青春期发生的最糟糕的事情之一就是我们开始长痘痘。小的、红的、隐隐作痛的疙瘩此起彼伏，像小小的火山一样。痘痘是一种极为常见的皮肤病，也称粉刺或痤疮，它会导致皮肤变油、长出黑头。脸上、背上、颈部和肩膀都可能会长痘痘和黑头。长痘痘真是件令人讨厌的事。

你不是一个人

不是只有你一个人在经受痘痘的困扰。所有的青少年都会长痘痘，只不过有些人长得少，有些人长得多。长痘的多少取决于基因、肤质和运气。让人欣慰的是，痘痘通常会随着岁月的流逝而消失。大多数人在 18 岁的时候情况最糟，然后逐渐好转。

青少年脸上最常长痘痘和黑头的地方叫作 T 区。想象一下在你的脸上画一个大大的字母 T。你的前额是 T 上面的横，鼻子和下巴是下面的竖。随着年龄的增长，其他部位也会开始长痘痘，比如脸颊。

这不怪你

我们想要告诉你的关于痘痘最重要的事情是，它们的突然出现并不是你的错。长痘痘并不代表着不健康或不干净。有些人认为长痘痘是因为清洁的方法不对，但事实并非如此。痘痘的出现是因为你的皮肤对你身体里的新激素做出了反应。

油腻的皮肤

如果你在镜子里仔细观察脸上的皮肤，会看到很多小点。这些点叫作毛孔，是隐藏在皮肤上的小开孔。在毛孔里，会产生一种叫作皮脂的油性物质。皮脂的作用是润滑和保护我们的皮肤和毛发。我们的

身体会被衣服遮盖，但脸会受到风吹日晒。因此有一些皮脂是件好事，尤其在天气寒冷的时候。

但当青春期我们体内产生了更多的激素时，毛孔得到了产生更多皮脂的指令，这些皮脂会让我们的皮肤变得油腻。

黑头是什么？

有时，毛孔会被皮肤细胞堵塞，皮脂溢出会受到影响。毛孔里就像有个小塞子一样。发生这种情况时，皮肤上会出现小棕点或小黑点，这些就是黑头，名字来源于它们的颜色。在挪威我们管它们叫"皮虫"，如果你用手挤压一个黑头，就能明白这个名字的来历。挤压时会有一小条皮脂蠕动出来。皮脂的颜色发黄，质地柔软，末端常常有一个黑点，就像条虫子，头是黑色的！或许这就是我们在英文中称它们为黑头的原因。虽然它们看上去像虫子，但不要担心：它们不是活的！

很多人认为黑头很脏，因为它们是黑色的。事实并非如此。颜色深是黑色素沉积导致的。

> 黑色素是皮肤的色素。肤色深的人黑色素较多，肤色浅的人黑色素少。

痘痘是什么？

简单来说，痘痘是毛孔里的小炎症。出现炎症是因为生活在皮肤表面的细菌向下移动到了毛孔里，造成了严重破坏。当毛孔堵塞并被皮脂填满时，细菌可乐坏了。因为这意味着它们可以在封闭的空间里度过愉快的时光，那里有很多好吃的东西。身体的卫士——白细胞，对此并不开心，想要杀死细菌。细菌和白细胞之间的战争使痘痘周围的皮肤变得又热、又红、又肿。痘痘中的黄色物质是脓液，里面是死去的白细胞、细菌、皮肤细胞和其他废料的混合物。

> 你知道痘痘是毛孔里的炎症，每个青少年都会得这种炎症吗？

痘痘和月经

由于痘痘和黑头会受到激素的影响，因此痘痘常常会在月经周期中来来去去。一个月经周期大约是一个月，从一次月经来潮到下一次，在这一个月中，你血液中的激素含量变化很大。额头上长出新痘痘通常意味着你的月经即将到来。

挤痘痘

挤痘痘是非常诱人的。有些人甚至觉得挤痘痘会让人特别舒服，还会去视频网站观看挤痘痘的视频。但也许你已经听说最好不要去挤

痘痘吧,原因是挤痘痘会伤害你的皮肤,使其留下疤痕。

不过,如果足够小心,偶尔挤一两颗痘痘也是可以的,而且实话实说,尽管我们都知道这样做不好,但我们还是会忍不住去做。如果有一颗痘痘很痛,随时可能会爆开,那把脓液挤出来确实可以缓解疼痛,但要尽量避免挤那些并没有要爆开的痘痘。快要爆开的痘痘顶端是亮黄色的,而且绷得很紧。如果挤了那些还没有要爆开的痘痘,就会出现很严重的炎症反应,因为皮肤下面的脓液再也没有地方可去了。为了防止感染,挤痘痘前最好把手洗干净。同时还要记住,挤痘痘之后皮肤会红肿一段时间。

关于痘痘的谣言

有很多去除痘痘的方法其实都无济于事。我们听说过的方法有在痘痘上抹牙膏，还有用酵母敷面膜，等等。这些都是谣言，可不要被骗了！另外，还有很多关于食物和痘痘的谣言，或许你听说过吃巧克力或糖会长痘痘？科学家们还没有证实食物和痘痘之间有任何明确的关联。

有解决办法吗？

有些人觉得长痘痘会让人变得不自信，甚至产生心理问题。如果这样的话，就去找办法治疗吧。

你可以在药店买一些非处方药。但如果痘痘真的困扰了你，还是建议你去看医生，医生会给你开一些适合你的抑制痘痘的药物。短效避孕药一般是第一选择，因为短效避孕药里有对皮肤有益的雌激素，因此有助于抑制痘痘生长。或者，你的医生会给你开些面霜的处方，那些面霜有助于杀死痘痘细菌，减少皮肤皮脂分泌。

严重的痘痘

有些人的痘痘非常严重：又大又深，即使没有去挤，也会在皮肤上留下像火山口一样的疤痕。这种疤痕因其形状和深度而被称为"冰锥疤痕"。如果痘痘非常严重，可以使用药效更强的药物，只要治疗及时、到位，皮肤上的疤痕就会少很多。如果你有这样的问题，最好去找皮肤病专家。

祛痘小技巧

- 每天用温和的、不含皂基的洗面奶洗脸一到两次。普通的肥皂对于面部皮肤来说刺激太大，可能会加重皮肤问题。

- 药店会出售治疗痘痘的非处方药。有些人，尤其是那些皮肤敏感的人，可能会觉得这类非处方药让自己的皮肤很痛。多试几种，找到真正适合你的，最好是问问药剂师的意见。把药抹在整张脸上之前，务必要先在一小块皮肤上测试一下，看看你对这种药物是否过敏。

- 用手洗脸，而不是用面巾。因为面巾用过几次之后很快就会布满细菌。

- 要用温和的面霜。注意面霜不要太油腻。油腻的面霜是用油脂作为基底，而清爽的面霜一般是以水为基底的。有些面霜是专为爱出油或状态不佳的皮肤设计的，这些面霜不会堵塞毛孔。

- 如果你想用化妆品遮盖痘痘，一定要注意不要用太多会堵塞毛孔的粉底液或遮瑕液。过于厚重的妆容会让痘痘变得更糟。晚上睡觉前要记得卸妆。

汗

天一热，人就会出汗。我们会，你会，女明星们也会。我们在玩耍或者锻炼的时候也会出汗，因为我们在消耗大量的能量，这些能量会在我们体内转化为热量。当我们很热或者很活跃的时候，汗水会从我们的身体里流出来。流汗是一种为身体降温的方式。

汗就在你身边

天热时，我们在背着书包走路后，腋下或背部会出现大片汗渍，有时从椅子上站起来时，座椅上会留下臀部形状的汗渍。这是正常且自然的，但可能有时会让人感到尴尬。我们遇到过一些患者，他们觉得出汗是件很尴尬的事，希望自己越少出汗越好。在这样的情况下，我们觉得解释清楚汗对我们来说意味着什么很有必要。这样，大家才更容易把汗视为朋友。

汗液是由我们皮肤中的小腺体产生的。它从我们的毛孔渗出，在皮肤上形成一层水膜或微小的液珠。当我们很热的时候，身体会用这些额外的热量来排出汗水，这样我们就能凉快下来。汗是非常聪明的，没有汗水，我们会死于高温。

像猪一样流汗

并非所有动物都像我们人类一样擅长出汗。比方说，猪就不会出汗，所以它们只能再找其他的方法让自己降温。它们会在泥浆、水坑或自己的尿液中打滚！所以"像猪一样流汗"这样的说法非常奇怪，因为猪是不会出汗的。

你应该喝多少水？

出汗固然好，但如果天气非常热，或者你锻炼了几个小时，出汗太多会导致体内水分不足。所以当你大量出汗的时候，要记得多喝水。当身体水分太少时，你会感到口渴。很多人认为水喝得越多越健康，但事实并非如此。除非你出了很多汗，否则你需要做的就是在你口渴的时候喝水。每天喝大约1升半的水是适量的。如果你喝的比你需要的多，你会直接把多余的尿出来。

你的尿液会说话

你想知道应该喝多少水吗?小便后看看马桶。如果你水喝得太少,尿液会呈深黄色。如果你喝的比需要的多,尿液就会像水一样没有颜色。如果尿液呈淡黄色,则说明你喝的水是适量的。

有些人比其他人爱出汗

每个人都会出汗,而且在炎热或锻炼时出汗更多。但有些人比其他人更爱出汗。这是基因决定的。所以说遗传因素决定了我们出汗是多还是少。出汗多一些可能是件好事,因为这样你会比不爱出汗的人更好地应对热量。但有些人出汗太多了,甚至影响了他们的日常生活。比如,他们的手脚常常汗津津的,或者即便天气不热或他们没怎么用力,衣服就被汗水浸透了。这其实是正常的,但如果汗液过多让你感到困扰,你可以向医生求助。不过,目前科学家也不太清楚为什么有人会特别爱出汗。

汗流浃背

也许你已经注意到,在做一些让你害怕的事情之前,你的双手或腋下会出汗。比如，你在课堂上举手发言之前，或者在电视机前看恐怖电影的时候。这是完全正常的现象，出汗意味着你身体的危机系统已经开启。你已经准备好应对危险了！

青春期的味道

大人和小孩都会出汗。最大的不同在于，小孩出汗的部位要比成人少。当青春期到来时，一些特殊的汗腺就会开始行动。这些汗腺在我们的腋下和胯下。它们有一个可爱的名字：顶浆腺。

每个人都出汗！这再正常不过了。

我们身体的其他部位都有普通的汗腺。它们会产生一种淡淡的液体，尝起来有咸味，闻起来没有味道。这种汗液的作用是为我们降温。

但我们胯下和腋下的顶浆腺会分泌油性液体。这种液体有一种特殊的味道，我们常常会把这种味道和汗液联系在一起。很难说到底是什么味道。这种味道很独特，很容易辨认——稍微有点甜。但它会受到饮食的影响。要是吃了咖喱，第二天你就会在汗水中闻到它的味道！这很有趣。

是什么导致了这种臭味?

当我们腋下和胯下的顶浆腺开始出汗时,我们就会闻到这种汗的味道。如果太久没洗澡,就会闻起来臭臭的!为什么会发生这种情况?我们的皮肤上有大量的有益细菌,这些细菌需要食物,而我们顶

浆腺分泌的汗液就是它们喜欢的食物。它们像吃大餐一样狼吞虎咽。等吃饱喝足了,它们就会放屁和排泄。和我们人类一样,这些东西的味道并不好闻。汗水本身并没有特别强烈的气味。只有在一段时间没有洗澡或没有换衣服的时候,才会出现这种臭味。闻闻你的腋下和昨天穿的T恤,看看是不是该洗了。如果衣服没有臭味也没有弄脏,就不用洗了。

香体剂——罐子里的救星

香体剂中含有一种叫作止汗剂的物质，可以阻塞我们的毛孔，让我们少出汗。同时，香体剂里通常还有阻止有益细菌吃掉汗水的物质，能够让我们汗液的味道变小。

臭袜子

汗脚是很多人都熟悉的问题，因为太过常见。在挪威，这个问题还有个单独的名字：脚趾屁。当我们穿有些不透气的鞋时，脚上的汗比身体其他部位出的汗闻起来更臭。当我们身体其他部位的皮肤开始呼吸、汗水开始蒸发的时候，我们可怜的双脚在拥挤的空间里艰难地跋涉，沐浴在汗水中。穿了一天鞋之后，每个人的脚都会有异味，这是完全正常的。想要减少臭味，简单的办法就是要穿透气性好的袜子和鞋子，并时不时让双脚通风。

为什么生殖器有异味？

因为你的生殖器周围会出汗，所以你也会在那里闻到汗味。这是完全正常的：每个人的生殖器都有气味。我们建议你不要在生殖器上抹香体剂，因为它非常敏感，无法承受功效强劲的产品或香水。

洗澡爱好者

汗水的气味直到现代才开始被视为一个问题。在使用香体剂、肥皂、香水以及每周洗几次澡之前，人身上有气味是很正常的。体味是自然的，记住这一点没什么不好。更重要的是，我们的皮肤上布满了有益菌群，可以保护我们免受那些会引起疾病的细菌的侵害。

如果我们洗澡过于频繁，尤其是经常使用肥皂，就会洗去那些帮助我们抵御疾病的重要物质。每天洗澡还会减少皮肤的天然脂肪层，让我们的皮肤变得干燥敏感，甚至起湿疹。换句话说，我们建议在运动后再洗澡，而且尽量少使用肥皂。当然洗手不包括在内。

体味、食物和文化

体味会受我们所吃食物的影响，因此来自不同文化的人闻起来味道也不一样，或许你旅游的时候已经注意到了这一点。注意不到熟悉的体味是正常的。事实上，大脑会把熟悉的印象拒之门外，这就解释了为什么人会闻不到自己的香水味，常常会喷得过多。同样，我们往往闻不到自己的体味，却能闻到与自己不同的体味。

生殖器

在你双腿之间，有一个身体部位能够让你感觉舒服，还能让你有可能生孩子。它就是生殖器，或者叫作外阴。你的外阴由很多不同的部分组成。有些人甚至在小时候就会好奇地探索自己的生殖器，而其他人则不感兴趣，或者觉得有点吓人，想等到以后再去了解。在你的一生中，生殖器会发生很大变化，尤其是在青春期。现在是正确认识它们的时候了。

阴　阜

你生殖器的范围起始于腹部下方。在那里，你会找到一个叫作阴阜的脂肪垫。阴阜又称为维纳斯丘，名字来自一位伟大的罗马女神。维纳斯是代表爱、性和生育的女神。英文中的 Venus 还是地球周围一颗行星——金星的名字。有些女孩的阴阜会高出腹部一点，有些是平坦的。在青春期，阴阜会被毛发覆盖。

外 阴

阴阜之下、双腿之间的部位叫作外阴。外阴是生殖器外面的部分,形状就像有着几片花瓣的郁金香。花瓣就是阴唇(labia,在拉丁语中是嘴唇的意思)。你有两层阴唇——小阴唇和大阴唇。阴唇很重要,因为它们保护着里面的东西。大阴唇很厚,有很多脂肪。它们的作用有点像汽车的安全气囊,受到撞击时可以起到缓冲作用。小阴唇很薄,非常敏感。

了解一下你的生殖器吧!

大阴唇和小阴唇

大阴唇和小阴唇上分别有不同的皮肤。大阴唇的皮肤很普通,跟你身体其他部位的皮肤一样,而且上面会长阴毛。小阴唇上有一种叫作黏膜的东西,有点像你的口腔内部。黏膜很光滑,而且不会长毛发。

在童年时期，小阴唇通常会被大阴唇遮住，此时外阴就像一朵闭合的郁金香，只能看到外面的花瓣。在青春期，小阴唇会生长，渐渐能被看到，就像郁金香慢慢绽放，露出了更多的花瓣。超过半数的人会发现自己的小阴唇长得很长，已经超过了大阴唇的位置。阴唇可能会长出很多褶皱，而且左右阴唇的长度通常不同。有些女孩发现，在青春期时自己的外阴颜色变得越来越深。这是完全正常的。

在外阴前部，小阴唇的交会处，有一个小按钮形状的部位，叫作阴蒂头。你很快就会更了解这个部位。

两个开口

如果把小阴唇和大阴唇分开，你会看到两个洞洞。前面的洞是你的尿道口，这是小便出来的地方。这个洞很小，因此很难看到。在它后面一两厘米处是阴道口。阴道是通向子宫的管道，子宫是女性怀孕时胚胎发育的地方。

在你长大成人后，阴道的长度在7厘米到10厘米之间。它可以纵向和横向拉伸，毕竟孩子要通过这里出来，分泌物和月经也会从这里流出，所以这里也是放置卫生棉条的

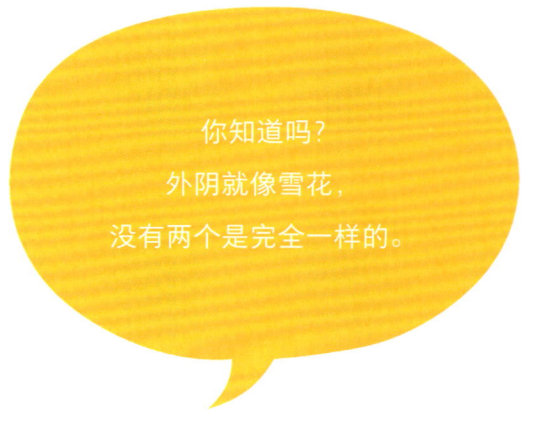

你知道吗？
外阴就像雪花，
没有两个是完全一样的。

地方。阴道这个词来自拉丁语,意思是"剑鞘"。

阴道周围是一圈强壮的肌肉。这些肌肉不仅会帮助你憋住尿液,还能够把阴道挤得很窄,或者放松阴道让它变得很宽。在使用卫生棉条时,你可以注意到这一点。

你知道尿液和经血是从不同的洞洞里流出来的吗?

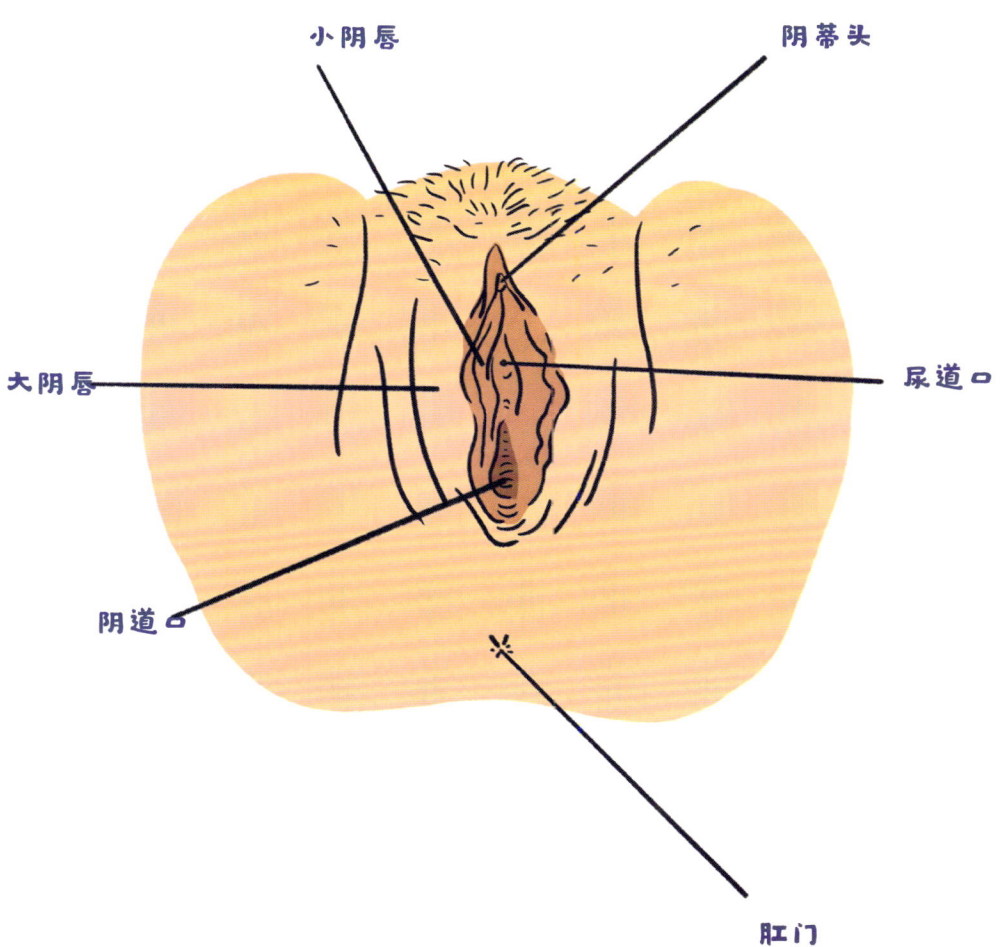

生 育

子 宫

腹部深处有一个器官,看起来像个倒挂的梨,它叫作子宫。但与梨不同的是,子宫是中空的。子宫中空的重要原因是:当人们说女人肚子里有一个宝宝的时候,实际上是指她的子宫里有一个宝宝。婴儿出生时会被推出子宫,然后通过阴道从身体里出来。

子宫位于腹部下方,髋骨之间。进入青春期时,你的子宫就会渐渐成熟。子宫发育后,内部会变得柔软。当子宫发育成熟时,你的月经就开始了。月经就是在你的子宫内产生的。发育成熟的子宫大约有8厘米长。

子宫颈

从外阴到子宫的路上会经过阴道。阴道止于子宫的一端。在阴道的最深处,有一个像鼻尖一般硬挺的部位。这就是子宫颈——子宫最

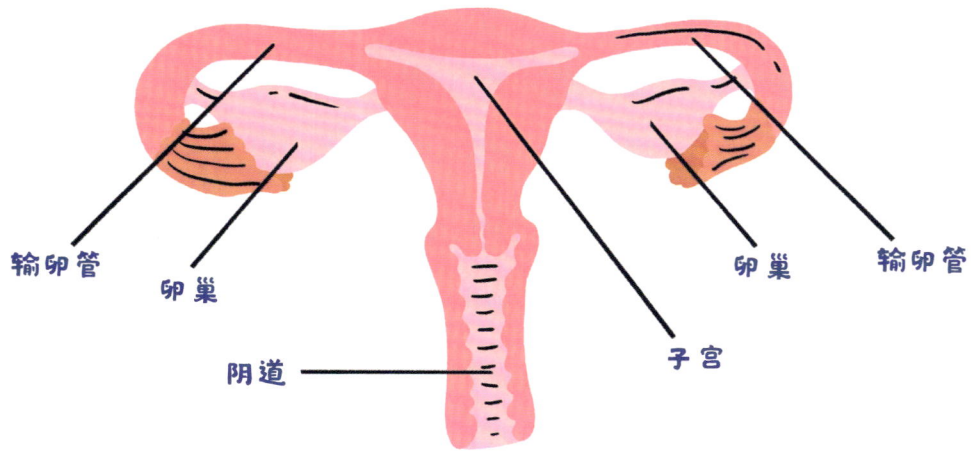

低的部位。中间有一处很小的开口,小到小拇指都放不进去。这个开口通向一个狭窄的通道,终点就是子宫内。月经会从这个开口出来,很多分泌物也是在这里产生的。

怀孕、宫缩和分娩

现在也许你想知道,当女性怀孕时,胎儿如何能待在只有8厘米长的子宫里。子宫壁是有弹性的,随着胚胎发育,子宫也在生长。当胎儿准备出来的时候,子宫已经变得很大,几乎填满了整个孕肚。

子宫是一组强壮的肌肉。子宫壁不仅有弹性,而且十分强大。当胎儿快要出生时,子宫壁会收紧,使子宫发生痉挛。这种痉挛称为宫缩。痉挛可以帮助胎儿离开子宫。简而言之,胎儿会被推出来。来月经时也是同样的情况。月经产生于子宫内部,子宫壁收缩会排出血液和黏液。

卵　子

子宫顶部伸出来两根细管，它们是你的输卵管。每根输卵管的末端都有一个小袋子，这就是你的卵巢。卵巢是存放卵子的地方。卵子是女性的生殖细胞，如果男性的生殖细胞——精子——与它们结合，就会发育成胚胎。输卵管的工作是将卵子从卵巢运送到子宫。

你出生的时候，卵巢中大约有30万个卵子。男性一生中会不断产生新的精子细胞，而女性则无法产生新的卵细胞。这意味着我们会慢慢用完我们的卵子。到45岁左右，你的卵子就会被用光。卵巢空了就意味着你已经进入了所谓的更年期。你不能再要孩子了，月经也会停止。

卵巢已准备就绪

除了储存卵子，卵巢还会制造女性性激素——雌激素。在青春期，雌激素负责让你的身体从儿童变为女性。雌激素还会让你的子宫和生殖器发育成熟，让你开始来月经。

当你进入青春期时，卵巢开始让卵子成熟。每个月，一个成熟的卵子会从卵巢中被释放出来，这称为排卵。吸管状的输卵管会接住卵子，并将其引导到子宫内。

> 你知道女性的性激素叫雌激素吗？

歇斯底里的女人和子宫四处乱窜的谣言

几千年前,希腊科学家认为情绪饱满的女性患有疾病。他们把这种病叫作歇斯底里症。你有没有听人用过"歇斯底里"这个词?这种病就是这个词的来源。希腊人认为歇斯底里症是由于子宫像独立的生物一样在体内乱窜,把女人彻底搞疯了。"歇斯底里"在希腊语中实际上是"子宫"的意思。

今天,我们知道子宫不会在体内乱窜。女性的愤怒、恐惧以及其他强烈的情绪也并非来源于它。强烈的情绪是女性和男性都会经历的事情。这是人类的一部分,并非某种神秘的女性疾病的征兆。但是很多人仍然轻视那些表达强烈感情的女性,他们认为直言不讳或为自己挺身而出的女性是歇斯底里的。这是对女性的一种歧视。

人是如何怀孕的？

要想怀孕，女性的一个卵子就必须与男性的一个精子相遇。精子看起来像只小蝌蚪，有一个头和一条用来游泳的尾巴。精子和一种叫作精液的黏液一起从男性的阴茎里出来。当男性达到性高潮时，精液会从阴茎中射出。在精液中，有数百万个小到肉眼无法看到的精子。

> 卵子 + 精子 = 宝宝！

最常见的怀孕方式是阴道性交，就是指阴茎插入阴道中，精子会从阴道沿着女性的身体向上游，与卵子相遇。

卵子和精子的童话故事

也许你已经听说过卵子和精子的童话故事。全世界都流传着这个故事。

数百万个强壮、勇敢的精子游进阴道，然后穿过子宫颈的孔。这是精子之间一场无比激烈的比赛——简直就是一场生死较量。只有一个精子——所有精子中最快并且最优秀的——能够赢得比赛，其他精子在失败后会默默死去。

比赛的目标是成为第一个得到卵子的精子，而卵子只是在女性的身体深处耐心等待。卵子就像童话中的公主——也许最像睡美人。她睡着了,无法选择发生在她身上的事情。她只是躺在那里等待,就像死了一样,直到有一天她的精子王子出现,用一个吻让她复活。

最优秀、最快的精子最终赢得了比赛,得到了他的公主。他们两个合二为一,卵子在这件事上没有任何发言权。而在童话故事里,这就是怀孕的开始。

我们之所以把这种解释称为童话,就是因为童话不是真实的。你看,流传的故事其实错误百出。

卵子和精子之间发生的真实故事

让我们再讲一遍这个故事。精子确实在赛跑——这部分是真的——但他们是笨蛋。他们不知道该怎么走,大多数精子都会在阴道的黑暗角落里迷路。少数精子能前往通向子宫的方向,但其中又有很多精子选择了错误的输卵管,然后他们就会在黑暗中孤独地死去。真正能够找到方向,并进入正确的输卵管的精子必须做好等待的准备。这里没有终点线让英雄冲刺。

与此同时,卵巢中正在发生另一些事情。卵子之间也有竞争。每个月都会有上千个卵子成熟,但当女性排卵时,只有一个卵子能够离开卵巢。如果我们也用形容精子的语言来形容卵子,那这个卵子就是所有成功的卵子中最大、最优秀、最勇敢的。其余的那些原本有希望的卵子会死去。排卵后,被选中的卵子沿着输卵管向下移动,与精子

相遇。像所有真正的女主角一样，在派对上她很晚才会露面。有时，精子可能已经在输卵管中等了整整5天。现在她终于来了，派对可以开始了。

最近的研究表明，卵子可以在精子之间主动选择。她会检查不同的精子，如果她不喜欢他们的样子就会拒绝追求者。从这个角度看，她并不像睡美人，更像个聪明的公主。就像在一个舞池里，周围都是崇拜她的精子，这些精子都渴望和她一起跳舞。只有当她找到一个自己真正喜欢的人时，才会答应。

推翻旧偏见

这两个故事的不同在于，卵子，这个来自女性的细胞，在童话里是被动的，但在真实故事中是主动的。你或许会好奇为什么这一点很重要——毕竟无论如何卵子和精子都会相遇，最后都会有一个婴儿。但我们认为，告诉你童话故事中的错误很重要，因为这说明了社会对女性的普遍偏见。在童话故事中，卵子被塑造成一个乖巧的女孩，她坐在一旁静静地等待，没有主见。与此同时，男性的精子却呈现出强壮、坚韧的英雄形象。

为什么人们要把童话故事讲得跟事实不一样？为什么明明卵子和精子一样努力，人们却不会提及。我们觉得，这是因为社会对女性和男性有不同的期望，而这种期望存在于我们的内心深处，影响着一切，甚至影响到了我们如何传授关于身体的知识。

人必须有性行为才能生孩子吗？

今天，想要孩子的方法有很多。如果一对男女无法生育，他们在帮助下也可以获得孩子。

常见的一种方法是试管法。在显微镜下将卵子和精子细胞放在一起，当医生看到卵子受精后，就把卵子放进女性的子宫里。另一种方法是代孕。就是让其他女性将你的孩子怀到足月。代孕的时候，受精卵也是被放入子宫中的。

卵子和精子可以都来自想要孩子的人，也可能有一方来自捐赠者。在挪威，捐赠精子是合法的，但捐赠卵子或代孕是非法的。很多人会到国外寻求帮助。

通过普通性行为出生的人和通过其他方法诞生的人，是看不出区别的。

分泌物

你有没有注意到自己的内裤上有一块湿湿的区域?这就是分泌物,是青春期在改变着你身体的证明。每一个进入青春期的女孩每天内裤上都会有分泌物。分泌物是从阴道流出的液体,它是由子宫颈内的小腺体产生的。

分泌物应该是什么样的?

分泌物的外观每天都在变化。新鲜分泌物的样子有很多,可能像蛋清一样透明、黏稠,也可能像身体乳一样呈白色的奶油状。当分泌物变干时,它会在内裤上留下一块硬硬的发黄的白色斑块。

分泌物的语言

分泌物每月按固定的模式变化。它会遵循你的月经周期,即从一次月经来潮到下一次的时间。在一个月经周期中,身体内部会发生不同的变化,而你的分泌物会告诉你这一点,就好像它们有自己的语言一样。比如，当分泌物很黏稠，用手指能把它拉长时，就说明你的身体即将从卵巢中排出一个卵子，这就叫作排卵。排卵后，你的分泌物会变得稀薄、流动性强。因此，检查内裤上的分泌物，就可以了解自己的身体状况。

健康的分泌物——健康的生殖器

分泌物也能够告诉你生殖器是否健康。可以了解一下分泌物在正常情况下的外观和气味。如果你发现自己的分泌物变得很不一样，就意味着可能有什么地方不对劲了。

生殖器产生块状分泌物和严重瘙痒是酵母菌感染的迹象。酵母菌感染在女性中很常见，并不危险，但会非常令人讨厌。

在你开始有性行为之后，就可能会感染上一些叫作性传染病的特殊疾病。这些疾病也会改变你的分泌物。

如果你的分泌物出现了变化，一定要去看医生做检查。如果你觉得自己患上了酵母菌感染，也应该这样做。

分泌物在保护你

想象一条小溪流，它涓涓地流淌，带走沿途发现的东西，比如小叶片或树枝。这就有点像我们的分泌物，它沿着阴道流下，冲走细菌和其他不速之客。

此外，分泌物中还含有有益细菌，使分泌物变酸，就像柠檬一样。这是因为有益细菌会产生乳酸，我们在酸奶中也能发现乳酸。有害细菌不喜欢酸性的东西，于是就不会在阴道里繁殖。换句话说，分泌物能够让我们保持干净、健康和清爽。

除了清洁，分泌物还可以让我们的生殖器保持湿润和柔软。想象一下，没有了唾液的嘴会是什么样子。它恐怕会干得全部皱起来，说话和吃饭都会变得无比艰难。分泌物对你的生殖器也有类似的作用。它可以防止生殖器干燥、疼痛。

有多少分泌物是正常的？

绝大多数人每天最多会产生一茶匙的分泌物。分泌物的量并不是固定的。有些日子里可能几乎没有。另一些日子中可能有很多，甚至你的内裤整天都是湿的。如果你觉得分泌物很多有点烦，可以用卫生护垫。护垫是贴在内裤上的薄垫，可以吸收分泌物。但护垫会导致你的生殖器皮肤无法正常呼吸，可能会让你出汗，产生一些气味。

生殖器的气味

女孩的生殖器是有味道的。由于有分泌物，刚刚清洗过的外阴会有微酸的气味。在一天里，这种气味会和汗水以及一些尿液残留物混合，产生一种独特的生殖器味道。

如果你穿着合成纤维面料的内裤或紧身裤，你的生殖器会变得更潮湿。这也会使气味变得更大。棉质内裤和宽松的衣服让我们两腿之间的汗水变少，气味也就更少。不妨试试不穿内裤或裸睡，让自己适当通通风吧！

清洗生殖器

分泌物是不脏的。阴道内部永远不应该被清洗，只能清洗外部，也就是外阴。这是因为清洗内部会导致健康的分泌物流失，阴道内敏感的黏膜变干。

应该多久清洗一次取决于双腿间出了多少汗，以及是否正在来月经。为了让自己没有异味而经常清洗是没有问题的，不过我们的经验是，很多女孩清洗得过于频繁了，这会刺激生殖器并引起瘙痒、灼热和湿疹。我们可以每隔一天或几天洗一次澡或清洗生殖器。

没有人会用含有大量香精的强力沐浴皂来漱口，我们也不应该对自己的生殖器这样做。我们生殖器的黏膜无法接受普通的肥皂，用温水清洗一下就够了。如果你就是想用肥皂，比如在月经期间，你也应该用温和的肥皂，尤其是对生殖器。

患有湿疹和过敏的女孩需要格外小心。你可能更适合用不含香精的婴儿油清洗，而且应该用防过敏的洗衣用品清洗内裤。

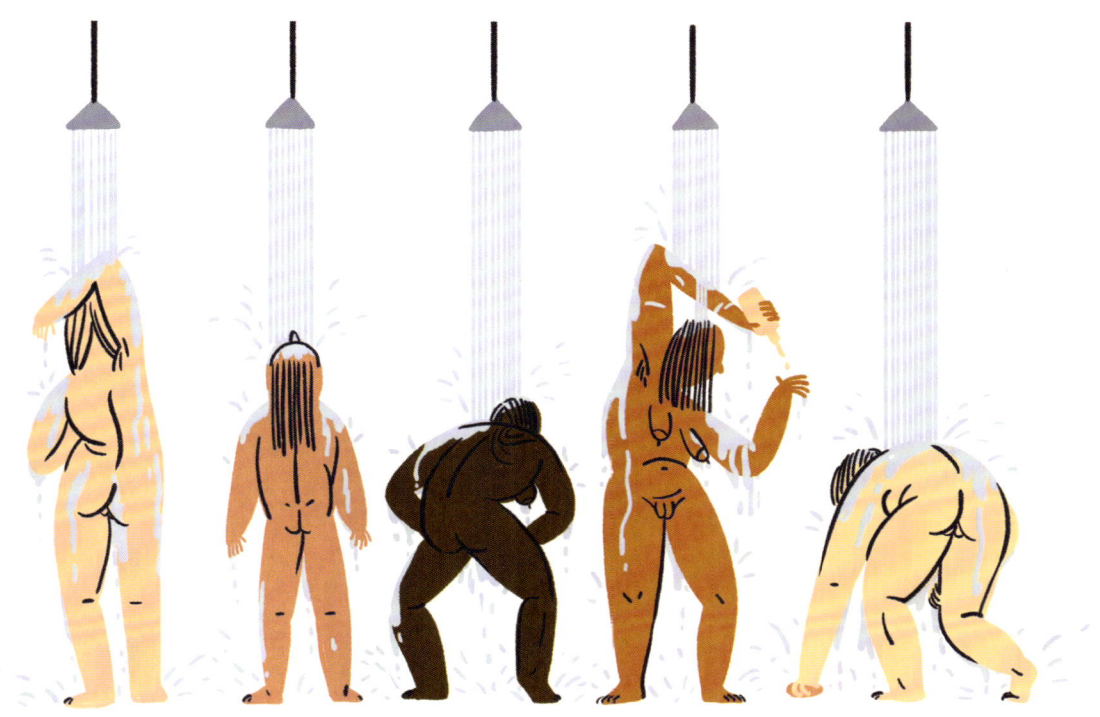

　　很多人觉得分泌物是不卫生的标志——或者说明清洗得不够频繁——但正如你所知，这是错误的。分泌物是每个健康女性每天都会有的，它只是说明生殖器正在进行清洁和润滑的工作。分泌物是我们的朋友。

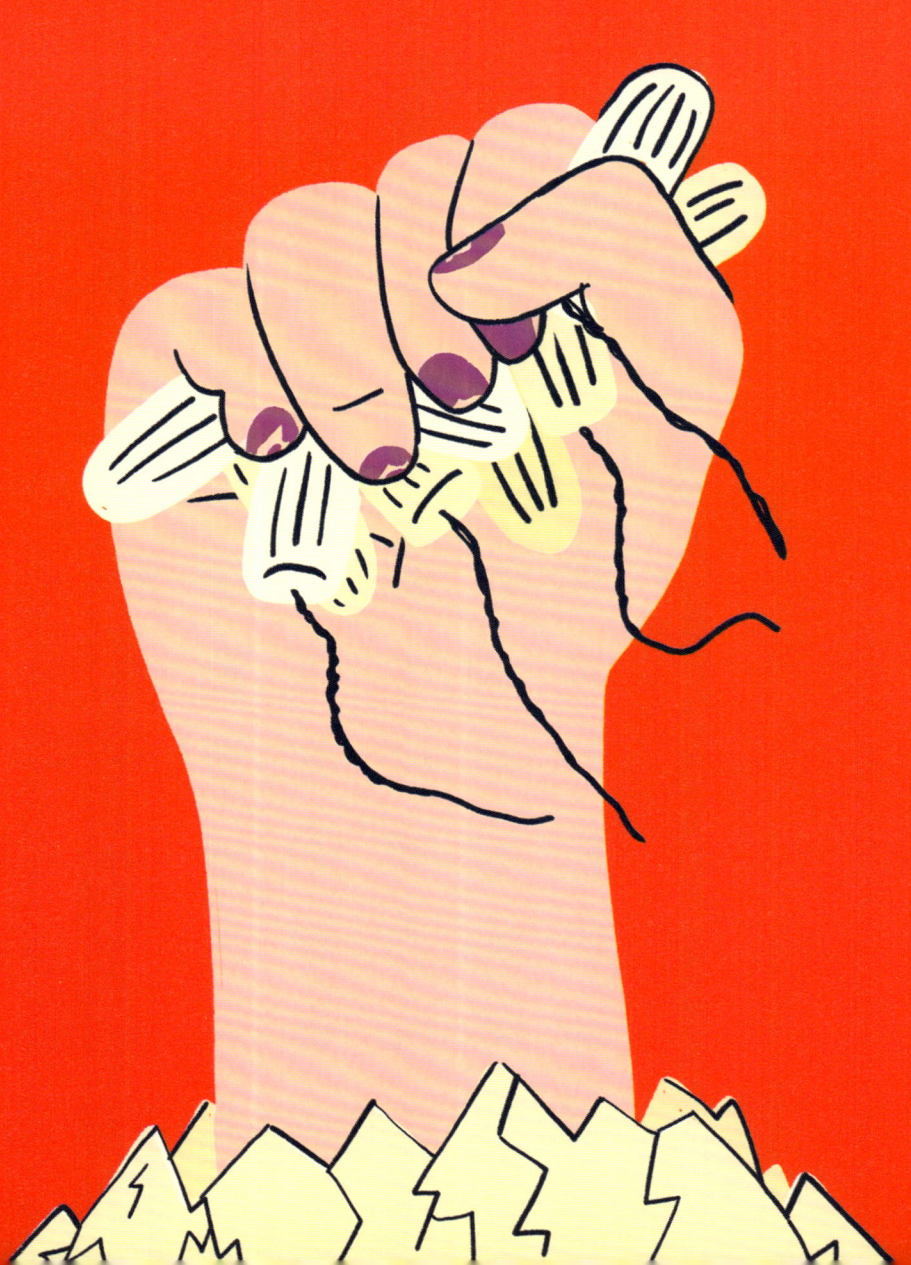

月　经

月经是从阴道流出的血液和黏液，但它们的作用不仅仅是造成混乱。开始来月经就是你青春期的大结局。这是身体发出的信号，表明你即将要长大成人。女人简直就是超级英雄！我们可以做男人能做的一切，而与此同时，身体还在流血！

你的月经会何时开始？

大多数女孩在11到14岁之间开始来月经。平均年龄在13岁左右。有些女孩9岁就开始来月经，而有些女孩要等到17岁。第一次来月经有一个很好听的拉丁文名字：初潮。

如果你妈妈的月经来得早，你可能也是一样。经常运动或非常瘦的女孩通常月经初潮会比较晚。100年前，挪威女孩的月经初潮时间比现在晚3年。这是因为当时她们吃的食物比我们现在差很多，而且常常需要努力工作贴补家用，她们的身体没有月经所需的额外能量。如今，来月经同样说明你有额外的精力。如果你生病了，月经可能会停止好几个月。

如果你到了 16 岁还没有开始来月经,你就应该去看看医生了。通常来说,这只是你的身体启动得稍晚一点,但也有可能是疾病引起的。

血从哪里来?

血液来自子宫内部。子宫里面有一层黏膜,每个月会更换一次。脱落的黏膜随着血液一起流出,这就是为什么月经通常看起来有点黏糊糊的。刚开始,每次月经之间可能会有很长的间隔,但最终你会一个月左右来一次。一次月经通常持续 3 到 7 天。最初的几天出血量较大,后几天出血较少。人每来一次月经,一共会流出大约 30 毫升到 80 毫升的血和黏液。这相当于 1 到 3 个蛋杯的量。

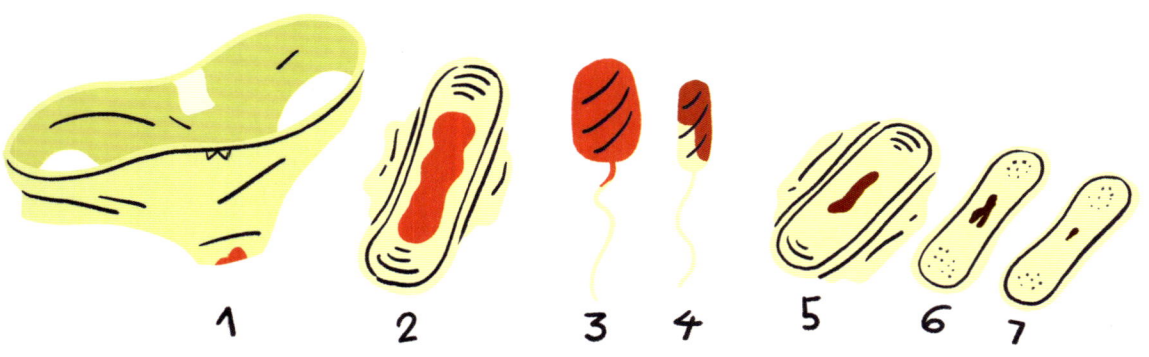

为什么血液会变成棕色和黏稠的？

最开始时，经血会呈棕色、块状和黏稠状。有时真的很难看出内裤上的这种黏性物质是血，毕竟它看起来一点也不像手指划破后流出的血。颜色取决于你的出血量。

如果出血量很少，那么血液通常会在子宫内停留一段时间，然后才会流出来。这种血是棕色的。此外，它通常是块状的，就像果冻一样。血液呈棕色并变得黏稠时，被称为血块或凝固的血液。这与人膝盖擦伤结痂时发生的情况相同。其他时候血是红色的，也就是血液还是新鲜的时候，通常会在出血量比较大的时候。很多女孩发现自己在月经初期流出的血液是红色的，在后期血液是棕色的。

如何与成年人谈论月经？

大多数成年人对月经的了解，足以回答你想知道的问题。即使他们从不在家中谈论月经，也不意味着他们觉得月经令人尴尬或恶心。通常情况下，他们只是不知道该如何跟你讨论，或者担心你可能会对月经感到尴尬。大人就是这么搞笑！

如果你知道学校里已经有女孩开始来月经了，那这就是一个聊天的好机会。你可以说："我班上的莎拉已经开始来月经了，如果我现在开始来月经该怎么办？"你还可以问问妈妈，她是什么时候开始来月经的，这样你就知道自己大概需要等待多久了。与此同时，你也在创造一个聊天的机会。

缺 铁

- 由于女孩每个月都会失血,所以她们缺铁和贫血都是很常见的。
- 如果你感到反常地无精打采、疲惫和气喘吁吁,你可能就是贫血了。有人会有耳鸣的症状。把眼皮往下拉会看到里面是苍白的。许多人的脸和手掌也会变得苍白。
- 去医院做下血检,看一下自己的血液指标。
- 如果你缺铁,就需要服用铁补充剂。这种药通常会让你便秘,便便会变成黑绿色!
- 所有女孩都应该记得在饮食中摄取足够的铁,比如吃全麦面包、豆类、杏干以及菠菜和西蓝花等蔬菜。一个技巧是在吃富含铁的食物时喝一点橙汁。橙汁含有维生素 C,有助于肠道吸收铁。

你会失血过多吗?

如果你流血超过 80 毫升,或者月经持续时间超过 7 天,那你会流很多血。想计算出流了多少毫升血并不容易,因此最好注意一下自己多久更换一次卫生巾或卫生棉条。如果流血不止,需要每3个小时更换一次以上,或者如果夜里也需要更换卫生巾,那就说明你流的血太多了。如果你每次来月经时流血都很多,最好去看看医生,有些药物可以减少出血量。

有些女孩患有疾病,导致她们流血过多。这些疾病中最常见的称为血管性血友病。患有这种疾病的女孩在来月经时会大量流血,而且流血时间很长。她们也很容易出现大片的瘀青,还经常流鼻血。

血量计算

你一生中来月经的时间:

一个月5天,一年60天,一生2400天。这意味着要来6年半的月经!如果你每个月流血7天,那么你一生中来月经的时间将超过9年。

你一生中的流血量:

我们每次月经流血30毫升到80毫升。假设你每个月流血50毫升,这样一年是6分升,一生就是整整24升。这基本上是2桶半的血和黏液!如果你流血80毫升,那一共会达到3桶以上。

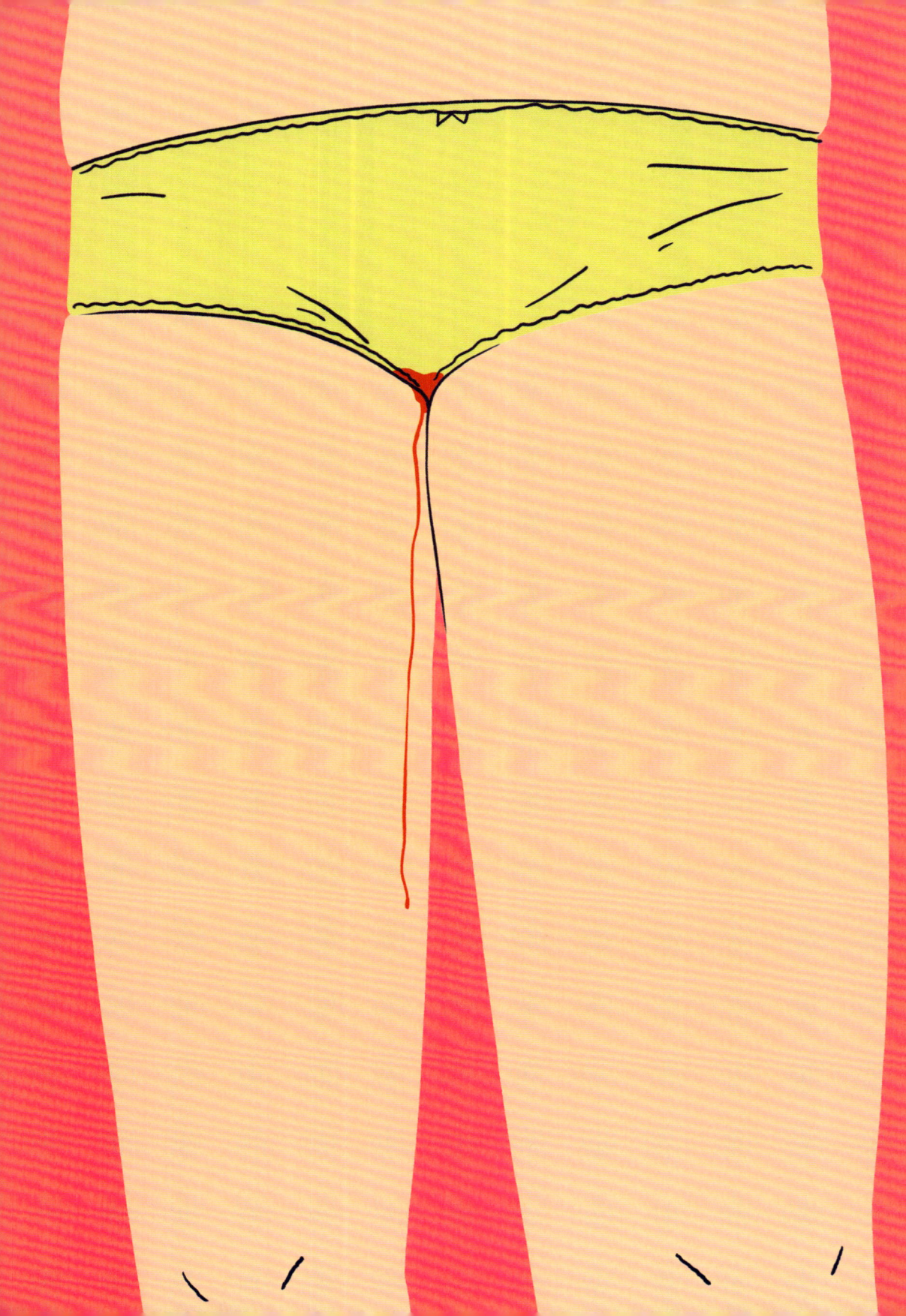

我们为什么会有月经？

现在你知道了月经是来自子宫内部的血液和黏液，它们是身体可以生育的标志。但是月经与怀孕又有什么关系呢？我们为什么会有月经呢？

排 卵

每月一次，一个卵子从其中一个卵巢中排出，这称为排卵。在前往子宫的途中，卵子可能会遇到精子，这就是怀孕发生的时刻。为了实现这一点，必须发生性行为。大多数情况下，人们不会注意到自己正在排卵。

有的时候，排卵会有痛感。那种感觉就像腹部一侧被扎了一下，那里正是其中一个卵巢所在的位置。这种痛感叫作"排卵痛"，在德语中的意思为"月中疼痛"。因为排卵就发生在我们月经周期的中间。

子宫内膜

除了排卵,我们体内的激素还会确保子宫在中空的空间里形成一层厚厚的黏膜,这种黏膜称为子宫内膜。如果卵子受精了,这就是卵子即将生活的地方。从某种程度上看,我们的子宫为受精卵建造了一个巢穴,以便它在慢慢发育成胎儿时可以躺在一个温暖、安全的地方。黏膜配备了血管,能够直接从母亲那里为卵子输送营养,直到胎盘接手继续喂养发育中的胚胎。

月经周期

月经大约每个月来一次。一次月经和下一次之间的时间称为月经周期。在月经周期中,身体内部会发生很多令人兴奋的事情。尤其是,你会排卵并产生分泌物。这一切都是由我们的激素控制的。

子宫扔掉它不需要的东西

我们的身体不会保留它不需要的东西,所以如果卵子没有受精,黏膜就会死亡。这发生在排卵后的两周。

黏膜死亡后就会脱离子宫内壁。它也会流一点血,就像新鲜的结痂破了的时候一样。然后子宫开始在痉挛中收缩,就像你挤压番茄

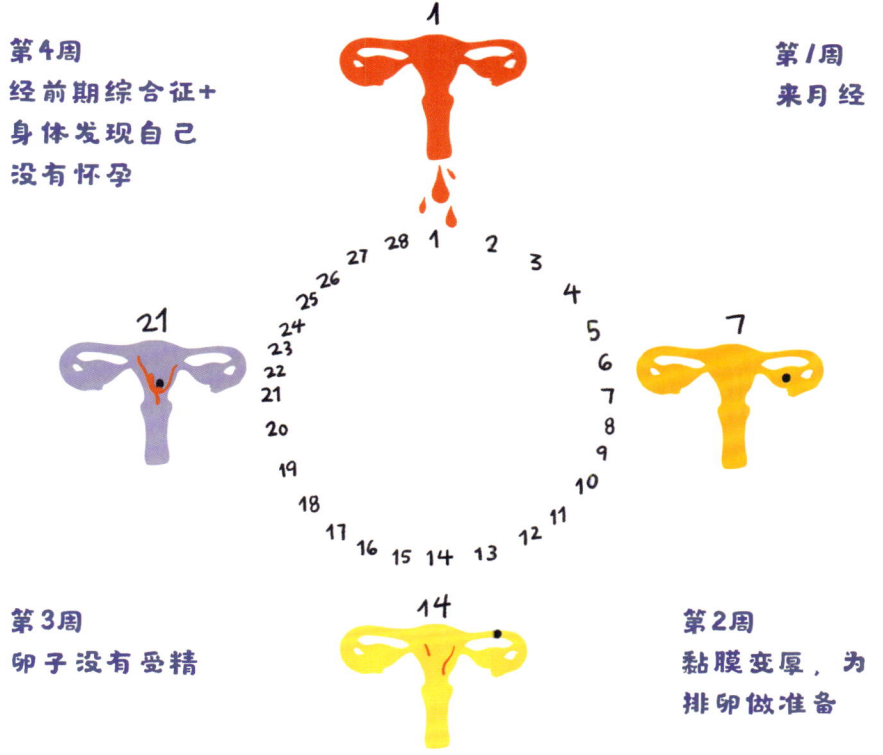

酱瓶一样，你的子宫会把死掉的黏膜和血液从通向阴道的小开口中挤出。因此死去的黏膜加上血液就是月经。

未受精的卵子会随着月经一起排出来。卵子很小，你根本看不见它。

子宫永不放弃！

在这次月经结束，子宫摆脱了旧的黏膜后，它又开始产生新的黏膜。你的子宫永远不会放弃，它总是让自己准备好迎接受精卵。当黏膜再次形成并做好准备时，我们就会再次排卵。然后我们可能怀孕，或者两周后来下一次月经。月经周期是一个周而复始的循环。

一个正常的月经周期是多久？

最常见的月经周期是28天，但23到35天的月经周期都是正常的。如果每次月经之间间隔的天数大致相同，我们就会说你的月经是规律的。这意味着你的身体已经找到了自己的节奏。

月经不规律

在来月经的最初几年，周期变化大是很正常的。那段时间里，你每次流血之间可能会间隔几个月，或者可能在一次流血后不久突然又开始流血。当相邻的两个月经周期变化很大的时候，我们会说月经是不规律的。发生这种变化是因为身体无法每个月排一次卵。大多数人发现随着年龄的增长，自己的月经会变得规律起来。

当月经停止时

很多人都经历过月经迟迟不来的时候。如果她们有过性交，那么不来月经可能是怀孕的征兆，因为当女性怀孕时，她们的月经就会消失。

高强度锻炼或正在减肥的人可能有一段时间不来月经。而如果生病了，比如麸质过敏（乳糜泻）或糖尿病，也会发生这种情况。如果你压力很大，也可能会不来月经。如果你的月经停止了超过6个月，你就应该去学校医务室或医院看一看。

只有人类会来月经吗？

实际上，只有我们人类、某种蝙蝠、某种老鼠和一些与人类相似的灵长类动物才有月经。所有其他的动物不用每个月流血就能够顺利怀孕。这些动物在卵子受精后，子宫中才会形成黏膜巢。而我们是在卵子受精前完成这件事的。这就是为什么我们必须摆脱掉多余的黏膜，同时来一次月经。

很多人认为发情的母狗会来月经，但事实并非如此。它们会在排卵时流血，并且可能在此时怀孕。而人类流血是因为我们没有怀孕。发情和来月经不是一回事！

记录你的月经

我们建议你对自己的月经周期有个整体的了解。月经周期有不同的阶段，它会影响我们的身体和情绪。对自己的月经周期有所了解后，你就能理解为什么自己的身体和头脑会以这种方式行事。你可以用日历或专门的手机应用程序来记录自己的月经周期。

月亮和月经

在过去，人们认为月经周期是由月亮控制的。这并不奇怪，因为自然界中的许多事物都受到月球的影响。例如，地球和月球之间的引力决定了我们会看到涨潮和退潮。如今我们知道月经是由体内的激素而不是月亮控制的。我们体内的水量非常少，月球对它没有任何影响。

如何判断你的月经快来了？

在要来月经前的最后一周，你的身体正在做着重要的准备。你若留心，可能就会意识到自己的月经即将来临。例如，突然长出很多痘痘是很常见的。还有的女孩觉得自己的乳房变得越来越大，越来越敏感。另一个常常会变大的是你的肚子。你可能会感到肚子发胀，就好像刚刚吃了很多美味的意大利肉酱面。

人们普遍认为，快要来月经的时候会更想吃巧克力和不健康的东西。这并不完全正确。不过对小事感到疲倦、有压力和敏感是很常见的。你可能会对最好的朋友、父母或兄弟姐妹发脾气，即使他们没有做错任何事。你也许也会因为做不出数学作业哭鼻子，觉得衣柜里的衣服都不合身。你只是变得更加敏感了，更容易看自己不顺眼。

了解自己的月经周期

- 你可以在日记中制作自己的日历。记下你流血的时间、你觉得自己排卵的时间和感觉自己有经前期综合征的时间。你看出规律了吗？
- 也可以在手机上下载一个记录月经的应用程序。在这类应用程序中，你可以记录分泌物的情况和你的情绪。应用程序能够计算出你下次来月经以及出现经前期综合征的时间。
- 如果有一段时间没有来月经，你可以查看自己上一次月经的时间。要是不写下来就很容易忘记。

经前综合征

在来月经前几天发生的所有事情——长痘、腹胀、焦虑、乳房胀痛——都是所谓的经前期综合征的一部分。也许你已经听说过这个经前综合征。除了我们提到的那些,还有其他一些症状。症状可能是身体上的,也可能是心理上的,经前期综合征的表现有150多种!最常见的是头晕、情绪波动和易疲劳。

四分之三的女性在月经前一周有经前期综合征的表现。不同的女孩经前期综合征的严重程度区别很大。对于大多数人来说,问题并不严重,而且几天后就结束了。

如果你觉得经前期综合征影响到了你的日常生活——比如上学、锻炼或其他休闲活动——你可以去寻求医生的帮助。如果你受到严重影响,有些药物可以帮你缓解症状。有时,找个人倾诉一下也是不错的办法。

好的方面

所幸月经周期也有好的一面。许多女孩在排卵期,即周期的中间,会变得精力充沛,而且会发现自己的情绪也有所改善。如果月经周期是28天,那么排卵日就是第14天左右。有些女孩在这个时候会特别容易恋爱,也会更容易注意到香气和美味。运动员在这个时期更容易在比赛中拿到好成绩,因为她们会感觉自己的身体更轻盈,注意力更集中。在这个阶段,人们更容易对生活和自己产生积极的看法。不如利用这段时间做一些你一直害怕或觉得困难的事情吧!

恼人的月经：
疼痛、痉挛和腹泻

经期腹痛是很常见的，但是这种疼痛与跌倒后受伤时的疼痛有很大差别。体内的器官柔软、温暖，它们的表达方式和皮肤是不一样的。这种疼痛往往会让人感到不适、难以缓解或像是痉挛，而且你无法准确指出疼痛的部位。它可能会发生在下腹部、背部、臀部和大腿下方。

疼痛会在月经的前一天到来，常常在第一天和第二天达到峰值。然后随着时间的推移，疼痛开始缓和下来，持续时间基本不会超过3天。很多女性发现，随着岁月的流逝，痛经会逐渐减轻，尤其是有了孩子以后。

为什么经期会这么痛？

大量的信号物质在子宫内膜（我们子宫内的黏膜）内产生。这些信号物质叫作前列腺素。黏膜在月经期间离开子宫内壁时，会释放大量的信号物质。信号物质的工作是使子宫内的肌肉收缩，从而获得挤番茄酱的效果：扑哧！问题在于子宫经常收缩得很剧烈，会导致痉挛。

体内的所有细胞都需要氧气才能生存。我们从空气中获取氧气，将其吸入肺部，然后通过血液输送到全身各处。当我们出现经期痉挛时，子宫内的肌肉会剧烈收缩，导致自身的血液供应被切断。这时，子宫会喘不过气来：它的氧气不够了！子宫不喜欢这种感觉，所以它用疼痛让你知道。但这种疼痛并不危险，它们不会对子宫造成伤害。

懦夫与勇士

不同的人在经期感受到的痛苦有很大差别。这并不是因为有些人是勇士，而有些人是懦夫。只是因为有些人来月经的时候会产生更多的信号物质。更多的信号物质会导致更严重的痉挛，进而导致更严重的疼痛。对于痛经严重的女孩来说，痉挛可能就像分娩时的宫缩一样！她们的子宫和正在分娩的女性的子宫一样努力工作，强度大到能够将整个婴儿推出。

月经会让你腹泻

来自子宫黏膜的信号物质进入血液，然后来到胃和肠道。就像在子宫中一样，它们会使胃和肠道中的肌肉收缩。这种收缩会像涡轮旋转一般在消化系统里挤压食物。由于食物通过我们肠道的速度比平时更快了，肠道就没有时间吸收所有的水分，这也就是为什么便便可能会变稀，而你总是着急去上厕所。很多人也可能会感到恶心和食欲不振，有的人甚至会呕吐。

> 你知道痛经是因为子宫不能呼吸吗？

月经会让你头疼

信号物质也会向上移动到头部。它们会把我们的头搞得一团糟，让我们感到头痛和头晕。它们还会影响身体自身的温度调节机制——换句话说，我们的头部决定了我们应该达到的体温。当这种情况发生时，你可能会发烧，不过不是被细菌或病毒感染。

我一定要上体育课吗？

这回我们要当一次严格的医生了：没有理由让你在来月经时不上体育课。事实上，锻炼和运动都可以减轻疼痛，甚至可以让你的月经结束得更快。这是因为体育活动有助于身体更快地排出黏膜。世界上没有任何活动在来月经的时候做是危险的。你可以倒立、游泳和踢足球。

不过确实有少部分女孩在来月经的时候真的很不舒服。如果你有严重的头痛、腹泻或发烧，当然可以不上体育课。但对于其他大多数人来说，参加体育课是很有益的，你可以在上课前吃一片止痛药。

有一件事情会令很多人感到尴尬，那就是在来月经时健身完去公共澡堂洗澡，我们明白这一点。对于某些人来说，可以选择使用卫生棉条，然后把绳子塞在阴唇之间，这样就没人能看到它垂下来。但是很多女孩不想使用卫生棉条，那样的话洗澡就会比较麻烦。在这种情况下，你可以在水池里清洗一下腋下，然后带一些温和的湿巾快速清洁一下生殖器。

下面是一些减轻痛经的方法

- **热量和止痛药一样管用**

  买个热水袋或给自己缝一个漂亮的布袋子，里面装满在烤箱中加热的扁豆或大米。把它放在你肚子的最低处，然后在沙发上放松一下。要小心别烫到自己：40摄氏度是合适的温度。洗个热水澡也会有帮助。事实上，热量和止痛药一样有效，不过在学校的时候，如果在肚子上放东西，活动起来会有点困难。

- **服用合适的止痛药**

  止痛药，例如布洛芬或萘普生，可以阻止身体制造前列腺素这种信号物质，这就是为什么这种药物对痛经最有效。太多的人等到真的痛了才吃止痛药，这是不明智的，因为这样止痛药就不怎么起作用了。最好的做法就是，一旦你知道月经即将来临，就立即服用止痛药。要按照说明书服药，而且在经期的前两三天定时服药，不要停药，不过要确保你服用的剂量没有超过说明书上规定的最大剂量！

- **多活动**

  运动、跳舞和瑜伽会在体内产生内啡肽，从而减轻痛经和其他症状，比如头痛。它们是人体的天然止痛药。

- **不要摄入尼古丁和咖啡因**

  香烟和咖啡会让情况变得更糟。

- **寻求医生的帮助**

  他们能帮你选择合适的止痛药，你也可以跟他们讨论一下是否要开始服用避孕药。避孕药可以防止怀孕，也常常用于治疗月经问题，即使患者没有性生活。避孕药可减少经期出血和疼痛。

关于卫生巾、卫生棉条和月经杯的一切

卫生巾、卫生棉条还是月经杯？可能很难选择。因此我们准备了一份各种经期用品的使用说明，包括它们的优点和缺点。大多数来月经的人最开始用的都是卫生巾，后面改用了卫生棉条和其他更先进的产品。

卫生巾和卫生棉条价格不菲。如果你的钱不够，寻求帮助并不可耻。你可以找学校医务人员说明情况。他们的办公室里通常都有卫生棉条和卫生巾，他们也能够给你提供建议，帮助你获得免费的卫生用品。

卫生巾

卫生巾是可以贴在内裤上的长方形软垫。它们贴近生殖器，吸收从阴道流出的血液。在卫生巾底部，有一层塑料可以防止血液渗透。护垫是一种很薄的卫生巾，只能吸收非常少量的血液。护垫主要在非经期有分泌物时用，不过，经期流血很少的人也会用。卫生巾和护垫在用后都要扔掉，一般来说，透过衣服是看不到它们的。

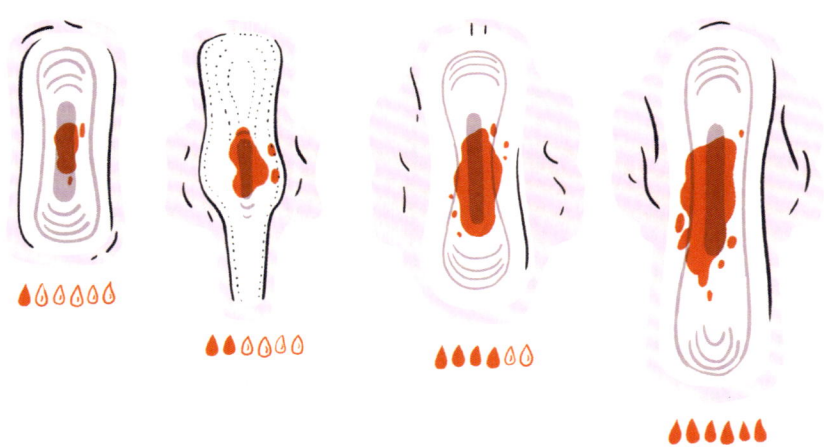

不同类型的卫生巾

卫生巾有不同的形状。日用卫生巾较薄较短，用起来比较舒服。还有一种特殊的卫生巾，后边比较窄，适合穿丁字裤的时候使用。夜用卫生巾较长较宽，因为我们躺在床上的时候，卫生巾需要阻止血液从后面和侧面漏出。夜用卫生巾的包装上一般都有明显的星星或月亮图案，也会有"夜用卫生巾"的标志。日用和夜用卫生巾都有带侧翼和不带侧翼的。侧翼是用来固定在内裤侧边的胶布，它能让卫生巾在内裤上贴得更牢固，防止血液侧漏。

液滴与流量

包装上的液滴数量表示这个卫生巾能承受多少血流量。1或2个液滴的卫生巾是为出血不多的人设计的，或者是用来在月经快要结束时使用的。带有3个液滴的卫生巾是常规型号，这是适合大多数人使用的。带有5到6个液滴的卫生巾适用于流血量大的人，或者需要长时间使用同一片卫生巾的人，比如在晚上睡觉时要用夜用卫生巾。有些人从来都不需要使用夜用卫生巾，晚上也可以轻松使用带侧翼的常规卫生巾。而有的人为了避免血液漏出，甚至在白天也要使用夜用卫生巾。

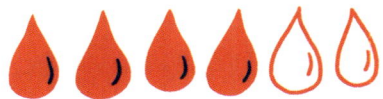

应该多久换一次卫生巾？

卫生巾浸满血了就需要更换。多长时间取决于你的流血量以及你用的卫生巾类型。有些人最开始在卫生巾上看到自己的经血会很害怕，没关系，慢慢你就会习惯的。请记住，月经并不危险，也不脏，它是你身体每个月都会分泌的一种天然液体。如果你发现使用卫生巾时生殖器有异味，你可以更换得频繁一些，比如每4个小时换一次。夜用卫生巾可以一片用一整晚。

卫生巾的优点

- 使用方便。
- 即使睡眠时间很长也可以整夜不更换。
- 不需要把任何东西放入阴道。

卫生巾的缺点

- 不能游泳。
- 能感觉到卫生巾的存在，双腿之间会很潮湿，易出汗。
- 卫生巾会导致生殖器的味道比平时更重。如果你感到困扰，可以用清水清洗生殖器，或者把卫生巾换得更频繁一些。

用 法

1. 撕下卫生巾背面的纸条,然后把卫生巾按压在内裤上。如果卫生巾有侧翼,要把侧翼上面的纸条撕下来,再把侧翼贴在内裤下面。

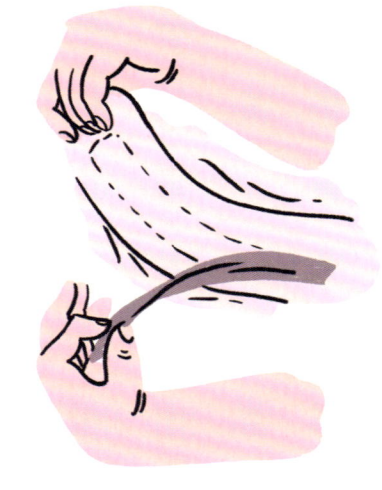

2. 如果卫生巾被血液浸湿或散发出异味时就需要更换了。当卫生巾无法吸收更多血液时,你会感觉到双腿之间变得很潮湿。

3. 当你需要更换卫生巾时,只需要把它摘下来,然后卷成像瑞士蛋糕卷那样,放在卫生纸中或者干净的塑料包装里再扔掉,以免弄脏别的东西。

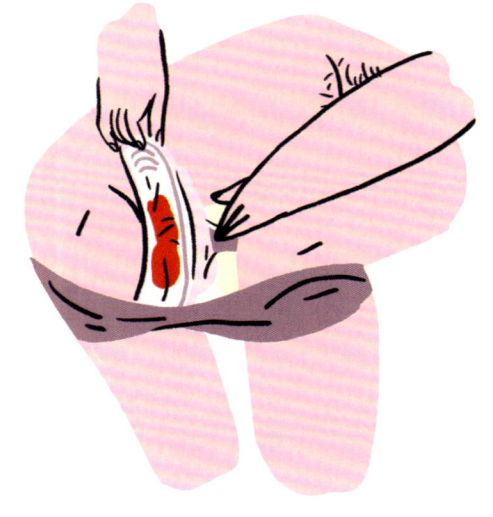

卫生棉条

卫生棉条的形状像一个白色的小塞子，一端有根绳子。来月经时需要把它塞进阴道。只要把它放在正确的位置，你就不会感到它的存在。除了垂下来的那根小绳子，在外面什么也看不到。卫生棉条能够吸收经血，吸收了血液后卫生棉条会膨胀，等它吸满时就需要把它取出来扔掉。当卫生棉条从阴道滑出或者开始渗漏时，你就知道它已经吸满了。

谁能使用卫生棉条？

有些人认为卫生棉条对小孩或者青少年不好。事实并非如此。卫生棉条使用起来是非常安全的，不会伤害你的生殖器。任何有阴道的人都可以学习使用卫生棉条。

使用卫生棉条会痛吗？

刚开始使用卫生棉条的时候会觉得有点奇怪或不舒服。主要是刚开始用的人不习惯把东西放进自己的阴道里。她们可能会下意识绷紧阴道的肌肉。一旦发生这种情况，就很难把卫生棉条放进去。其次，很多新手都不敢把卫生棉条推到足够深的位置。如果卫生棉条太靠近阴道口，你就总会觉得有异物。试着用一根手指把卫生棉条推得深一些。一旦它的位置正确，你就不会感觉到它的存在了。

你应该用什么尺码的卫生棉条？

卫生棉条有3到4种尺码，不同品牌稍有差别：小号（2个液滴）、普通号（3个液滴）、大号（4个液滴）和超大号（5个液滴）。尺码指的是卫生棉条能吸收多少血量，而并非你的阴道有多大。即便如此，你还是可以从最容易使用的小号开始用起，练习一下。如果放进去没什么不舒服，就可以换成大一号的。每个人都能在自己的阴道里放下一个大号的卫生棉条。

使用较大尺码的优点是无须经常更换卫生棉条，而缺点是它们会让阴道非常干燥，在插入和取出卫生棉条时很不舒服。如果卫生棉条没有吸满，还很容易忘记它还在身体里面。放置卫生棉条的时间不应超过正常的夜间睡眠时间——也就是说，8或9个小时。

被遗忘的卫生棉条

人有时候确实会忘记卫生棉条还在阴道里。我们曾帮助过把卫生棉条遗忘在阴道整整一周的患者。一般情况不会有大问题，但味道确实很难闻。卫生棉条不会消失在体内，因为阴道是一个封闭的管子，终点在子宫颈处。如果你发现自己忘记把卫生棉条从阴道中拿出来，而且用手指也拉不出来，可以尝试蹲下然后向下用力，就像拉便便一样，这样做可以帮助卫生棉条滑出。如果这样做之后你还是弄不出来，你就必须去找医生帮忙了。

看看你在双腿之间放了什么！

　　有些厂家在卫生巾和卫生棉条里加入了香氛和不必要的化学品。这虽然能让产品味道好闻，但对生殖器的敏感皮肤不利。这些物质会引起过敏反应或生殖器皮疹，导致发痒、刺痛和灼痛。很多人用了一段时间后才开始对这些物质起反应。

　　尽量不要使用添加了香氛的卫生巾和卫生棉条。如果你不确定是否添加了，可以查看一下产品的包装说明。

　　如果你发现自己的生殖器在经期有刺激感，可以考虑尝试使用其他的品牌。如果你有很严重的过敏或特应性皮炎，可以使用不含刺激性化学物质和香氛的卫生棉条或卫生巾。

导管式卫生棉条

市面上的一些卫生棉条是带有导管的，例如丹碧丝（Tampax）这个品牌。导管通常是内外两层的纸板或塑料管，能够帮助你在手指不插入阴道的情况下，更轻松地推入卫生棉条。这种卫生棉条通常比没有导管的贵一些。另外，由于有额外的包装，它们不太环保。不过，如果你第一次使用卫生棉条时非常紧张，最好从这些导管式卫生棉条开始，它们通常更容易使用。

如果你刚好在一个不方便洗手的地方，比如正在露营或者在海滩度假，这种卫生棉条用起来就非常方便了。网上也可以买到环保材料的导管。

卫生棉条的优点

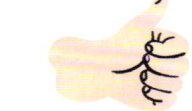

- 你感觉不到它，也看不到它。
- 用了卫生棉条，你就可以游泳了。
- 用卫生棉条可以让双腿之间出汗更少，更容易保持一整天的清爽。

卫生棉条的缺点

- 需要练习几次才能放进去。
- 有些人在刚开始用的时候会感觉不舒服，因为她们的阴道很紧张，或者没有把卫生棉条推到足够深的地方。
- 你必须记得在 9 小时之内取出。

为什么卫生棉条一定不能放置得太久？

有极少数人非常不走运，他们会患上一种叫作中毒性休克综合征（TSS）的罕见疾病。

有些人在手不干净的时候放卫生棉条，或把卫生棉条放入体内太久，都会得上这种病，因此这个病有个外号是"卫生棉条病"。但这是一个愚蠢的名字，因为除了卫生棉条，人们还可能从许多其他东西上感染这种疾病。不使用卫生棉条的男孩也可能得这种病。

如果你不幸得了中毒性休克综合征，你会有感觉的。得上这种病的人会有很严重的症状，同时伴有突然的高烧、呕吐、腹泻、头痛、肌肉疼痛和皮疹。这些症状是重病的征兆，你必须立即去看医生。如果你使用了卫生棉条，记得要告诉医生。

用 法

1. 第一次放置卫生棉条的时候，最好给自己足够的时间，让自己放松下来。

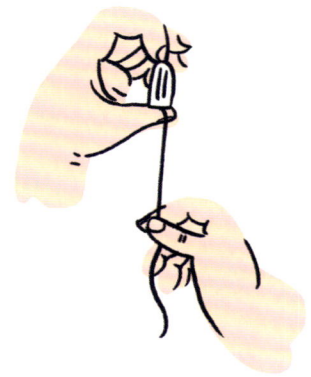

2. 取下卫生棉条上的塑料包装。拉出卫生棉条底部的绳子，使它自由地垂下来。稍后你要用这根绳子把卫生棉条拉出来，因此能够轻松抓到它很重要。

3. 找一个让你轻松一些的舒适姿势。你可以把一条腿放在马桶上或蹲下，用手指或镜子找到阴道的入口。

4. 拿住卫生棉条的底部，就是有绳子的那一端，然后把它推进你的阴道。你可以试着把卫生棉条向后倾斜，这样推进去时它不是垂直的，而是稍微向臀部倾斜。继续向上推卫生棉条，直到你感觉推不动为止。你的手指需要伸进阴道里，因为阴道的深度有10厘米。

5. 如果你用的是导管式卫生棉条，请跳过第 4 步。把导管插入阴道内 1 厘米，然后把导管的内管推入阴道。继续向前推，直到不能再推：这样卫生棉条就已经放好了。接下来要做的就是小心地把导管取出，让卫生棉条留在阴道内。

6. 当卫生棉条的位置正确时，你根本感觉不到它。如果你还是有感觉，可以试着把它往里推。卫生棉条不会在里面消失，所以不会出什么问题。把手指拿出来，检查一下绳子是否正常地垂在开口外面。

7. 当你需要取出卫生棉条的时候，就拉动垂在外面的绳子。深吸一口气，然后在呼气的同时把卫生棉条拉出来。试着放松你的生殖器。然后用卫生纸把卫生棉条包起来，扔进垃圾桶。千万不要把它扔进马桶里。

月经杯

月经杯的样子正如它的名字：收集经血的杯子。来月经的时候，杯子会放在阴道内。它紧紧地贴在阴道壁上，使阴道完全密封，从而防止血液从两侧漏出。就像卫生棉条一样，正确放入后是看不到也感觉不到它的。它是由硅胶制成的，有多种尺寸可供选择。建议从最小的尺寸开始尝试。

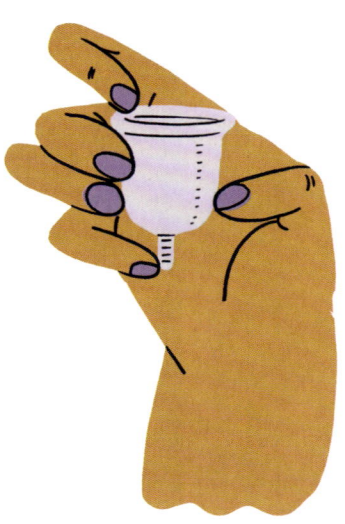

谁可以使用月经杯？

任何愿意使用月经杯的人都可以使用，即使是年轻女孩。即使使用者从未发生过性行为，阴道内也有空间放置月经杯，它不会伤害你的身体。许多人不愿尝试月经杯的原因是，刚开始用起来可能有点困难，而且你必须每天清洗月经杯里的经血。

非常环保的产品

月经杯的好处是它很环保。试想一下，全世界每天要扔掉多少卫生棉条和卫生巾，这真是巨量的垃圾！一个月经杯可以用上多年，它的成本在150克朗到300克朗[1]之间，但从长远来看，它比卫生巾和卫生棉条便宜得多。你可以在药店或网上买到。

---

[1] 国内月经杯的价格大约在100元到200元。

月经杯的使用方法

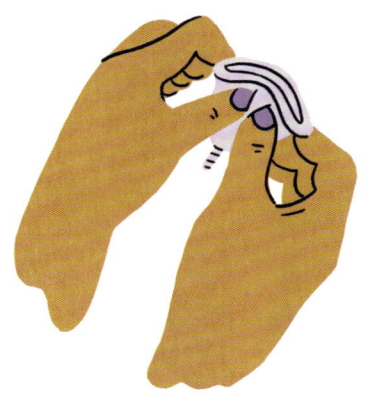
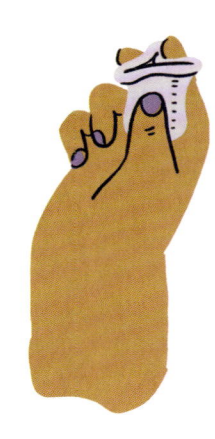

1. 要想在体内放置月经杯,先要把它折叠成三角形,然后再用手指把它推进阴道内。

2. 当你确定它的位置足够靠上,而且是开口朝上的方向,就可以松手了。杯子会弹开,贴合阴道壁的形状。它最多可以放置在体内12个小时,然后要把它取出。

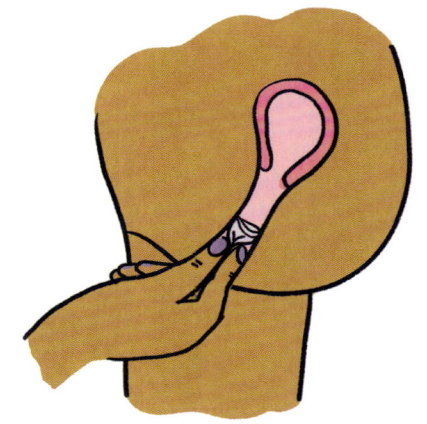

3. 取出时,轻轻挤压杯子,拉动底部的杯柄把它拽出来,或者用手指抓住杯子的边缘将它拿出来。

无论你的月经杯是什么样的,你最好先频繁地清空它,直到你熟练掌握了使用方法和频率。把血倒入马桶或水槽中,把月经杯清洗干净,然后再放进体内。

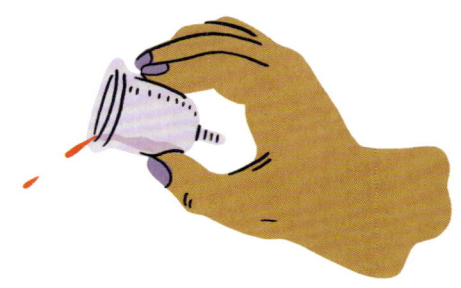

4. 每次使用月经杯之前都要把它煮沸，保证绝对干净。跟使用其他产品一样，把它放进体内以及拿出来的时候，都一定要洗手。

> 上厕所的时候无须把月经杯从阴道里拿出来。卫生棉条也一样！

月经杯的优点

- 环保，而且长期来看更便宜。
- 你感觉不到也看不到。
- 放置的时间可以比卫生棉条更长。
- 可以正常游泳。
- 双腿间出汗更少，更容易整天保持清爽。
- 月经期间出现严重瘙痒和酵母菌感染的人会发现使用月经杯可以缓解症状。

月经杯的缺点

- 单价更高。
- 并非所有公共厕所的隔间内都有水槽，所以不是每次都能在私密环境下清洗月经杯。
- 跟卫生棉条和卫生巾相比，清洗它会更麻烦一些。

如果我的血透过了裤子该怎么办?

- 在腰上系一件外套。如果你没有的话跟朋友借一件。
- 如果你没有卫生棉条或卫生巾,可以把卫生纸像带有侧翼的卫生巾那样包在内裤上,再拿一些卫生纸塞住阴道口。
- 如果想要洗掉衣服上的血迹,最好使用凉水和肥皂。这是最好的溶掉血迹的方法。
- 你的老师或医务室的医生一定能给你一些卫生巾和卫生棉条。
- 特别理解你会担心其他人觉得这很恶心,但请记住,这件事会发生在所有的女孩身上!
- 如果你发现一个女孩的裤子上有血迹,请把你的外套借给她,然后温柔地让她跟你到不显眼的地方,这样你就能在私底下告诉她了。要对别人友善,因为你也可能会遇到这样的情况。

经期内裤

现在已经有了一种特殊的经期内裤,这种内裤跟一两个卫生棉条能吸收的血量一样多。经期内裤可以单独使用,但在血量最多的日子,可能撑不了一整天。在这种情况下,经期内裤可以与卫生棉条或月经杯结合使用。因为经期内裤可以减少卫生巾和卫生棉条的使用,所以对环境是有益的。

用月经杯和经期内裤拯救环境吧!

每晚要冲洗内裤上的血迹,然后再用轻柔模式机洗。因为每天都要洗,所以要多准备几条,或者只在特殊场合使用。比如参加派对的时候!

经期内裤的优点

- 减少环境中的垃圾。
- 看不出来,也不需要把任何东西插入阴道。

经期内裤的缺点

- 目前价格较高,只在专门的网店售卖。
- 必须更换和清洗,所以一条是不够的。

如果我要洗澡或游泳该怎以办？

如果你想在月经期间洗澡或游泳，可以使用卫生棉条或月经杯。卫生巾无法在水中使用，因为一旦你进入大海或游泳池，它们就会吸满水。

如果你想使用卫生棉条，请务必在游完泳后立即更换。这是因为卫生棉条会吸水然后变大。月经杯是游泳时的最佳选择，因为它不吸水，所以你可以在水中待很长时间。

如果你的出血量很少，而且只是想在海里快速玩一会儿，穿深色的泳裤就足够了，不用做什么保护措施。海里的水太多，血液会被冲淡，完全看不出来。你不会像鲨鱼咬掉了你的腿那样流血不止。如果你觉得不保险，可以先在浴缸里试一试。

对于那些担心鲨鱼的人来说，相信我们，你不会因为在经期游泳而被鲨鱼咬伤。

月经贫困

世界各地都有女孩买不起卫生巾和卫生棉条。很多女孩也因没有卫生巾或干净的卫生条件而患上疾病。女孩会被迫停课或彻底辍学，成年女性会因为经常旷工而失业，这就是所谓的月经贫困。月经是当今世界上女孩受教育程度仍然低于男孩，而且比男孩机会少的主要原因之一，这根本就不公平。

我们可以施以援手

很多人不知道月经贫困是什么，因为现在在公共场合讨论女性的身体依然是一件很困难的事。我们必须敢于在公共场合谈论女性的身体。月经是正常且自然的生理现象。

与月经贫困对抗

你听说过阿米卡·乔治（Amika George）吗？她是个非常普通的英国女孩，但在中学的最后一年，她做了一件不同寻常的事情。有天早上她边吃早饭边看报纸，看到了一篇讲述月经贫困的文章。文章说，十分之一的英国女孩买不起卫生巾和卫生棉条，许多人不得不因此辍学。

月经贫困是个全球性问题。

每个月，都有9岁以上的女孩因为家里买不起卫生巾而缺课。不仅在英国，全世界也是如此。她们把袜子、报纸或破布塞进内裤里充当卫生巾。

阿米卡深受震撼，决定做点什么。她在社交媒体上发起了一项名为"免费月经"（FreePeriods）的运动。这个名字很棒，因为在英语里，它既有"月经是免费的"，也有"解放月经"的含义。

阿米卡发起的这项运动迅速传播开来。不久之后，她收集了超过15万个签名，很快就有数千人聚集在英国唐宁街10号门口抗议月经贫困。

阿米卡的诉求被听到了。2018年3月，好消息传来：政府决定将1500万英镑的税收用于解决英国的月经贫困问题。一年后，英国决定在所有中学免费发放卫生巾和卫生棉条。

阿米卡还在继续为学校的免费卫生巾和卫生棉条而战。与月经贫困和经期相关禁忌的斗争远未结束,但我们正朝着崭新的、更光明的时代迈进。

像阿米卡这样的女孩让我们对未来充满希望。

抗议是有用的!用你的声音改变世界。

关于月经的谣言

你能够了解月经是什么,以及明白我们为什么会来月经是幸运的,但有些人未必有这么幸运。在过去,有人把月经称为"诅咒",仿佛它是危险的、魔幻的。在某种程度上,有这种想法并不奇怪,因为我们女性可以连续流血几天而不死,这看起来很不可思议。当不了解是什么导致了月经时,人们就很容易编造故事。

我们读到过的关于月经最离谱的谣言来自罗马博物学家老普林尼(Pliny the Elder)。生活在近两千年前的他认为,月经具有强大的力量,当闪电划过天空时,取出一块沾满经血的布就能阻止冰雹和雷声。他还认为,即使少量的经血,也会让任何东西变坏:使水果腐烂、酒变酸,导致蜜蜂死亡,甚至连咸咸的死海也会被经血毁掉。

不洁的女人

在许多文化和宗教中,人们普遍认为来月经的女性是不洁的。这在很大程度上是因为女性在 20 世纪 60 年代才开始使用现代版的卫生巾。在此之前,她们不得不让血液自由地顺着腿流下,或者用线钩织出"卫生巾"系在双腿之间。不难想象,在那些没有洗衣机的日子里,她们在生活中会遇到多少麻烦。

与月经有关的疾病

大多数女孩都能很好地应对自己的月经，不会感到太大的困扰。但有两种疾病会让月经非常难熬。这两种疾病都很常见，大约有十分之一的女性会受到影响。它们可能正发生在你或是你认识的人身上。你班上肯定会有一两个女孩患有其中的一种疾病。

子宫内膜异位症

这两种疾病中的一种叫子宫内膜异位症。患有子宫内膜异位症的女性痛经会非常严重，严重到常常无法上学和上班。如果你有这种情况，一定要去看医生。

子宫内膜异位症带来的疼痛通常会在月经开始前几天到来，而且可能会在月经结束后再持续几天。患有子宫内膜异位症的人通常会发现，随着时间的推移，疼痛愈加严重。很少有女孩在月经的最初几年有子宫内膜异位症的问题。

改变了位置的子宫内膜

子宫内膜异位症会影响子宫内膜。你可能还记得，子宫内膜是子宫内的黏膜。对于患有子宫内膜异位症的女性来说，黏膜会开始在不属于它的身体部位生长。最常见的情况是黏膜在靠近子宫的地方堆积——例如在肠道或膀胱上。黏膜也可能会移动到很远，比如最终可能会进入肺部。

黏膜位置不对会带来麻烦。当经期到来时，在新位置的黏膜所做的事情跟它在子宫里完全一样。这意味着什么？是的：它会开始流血。

> 十分之一的女性患有子宫内膜异位症。许多人痛经严重但却不知道为什么。

经血逆流

如果本不该流血的地方突然开始流血，身体就会调用免疫系统进行清理，赶走不速之客。免疫系统试图通过引发炎症来修复损伤。而这些炎症是导致患有子宫内膜异位症的女性比没有这个病症的女性痛经更严重的原因。

如果炎症太严重，会导致体内产生疤痕。当疤痕在体内形成时，腹部的器官可能会粘连在一起。

腹部的疤痕和粘连最终会导致慢性疼痛。这种病会导致怀孕困难，因为疤痕组织会阻塞输卵管，使卵子无法通过。

你能得到帮助吗？

子宫内膜异位症虽然是一种严重且恼人的疾病，但还是有可缓解症状的药物，建议及早发现和治疗。建议你去医院寻求帮助。可以使用避孕药跳过月经，这样就能避免严重的痛经，减少出血和炎症，还能避免产生新的疤痕。

多囊卵巢综合征

另一种影响月经的疾病叫多囊卵巢综合征（PCOS）。这个名字听起来有些拗口，不过如果把名字拆开看，就能够明白它的含义。字母P（Poly）表示"多"；C（Cyst）表示"在体内形成的装满了液体的囊肿"；O（Ovaries）就是卵巢，我们储存卵子的地方；S（Syndrome）代表综合征，表示同时发生着不同的问题。因此，PCOS 就是指一些与卵巢上装满了液体的囊肿相关的不同问题。这些装满了液体的囊肿很小，我们很难注意到。

不规律的月经

发现多囊卵巢综合征的一种方法是月经变得不规律或完全消失。患有多囊卵巢综合征的女性很少来月经，因为她们通常不排卵。而如果不排卵，就很难怀孕。患有多囊卵巢综合征的女性有时是可以正常怀孕的，但有的情况下，她们需要借助一些额外的帮助。

毛发、痘痘和新陈代谢问题

患有多囊卵巢综合征的女性会经常发现，除了月经受到影响，她们的毛发和痘痘会增多，新陈代谢也会出现问题。她们的体重更容易增加，成年后会更容易患上糖尿病。这一切都是因为身体的激素系统失去了平衡。

你能得到帮助吗？

在青春期，月经不常来是很常见的。但如果这种情况持续多年，多囊卵巢综合征可能是罪魁祸首。如果出现这种情况，建议你去看看医生。对多囊卵巢综合征患者的最佳建议是保持体育运动和健康饮食。这有助于平衡激素，还能减少疾病带来的问题。患者可以使用的药物也有很多，全科医生可以帮助你选择最佳的治疗方案。

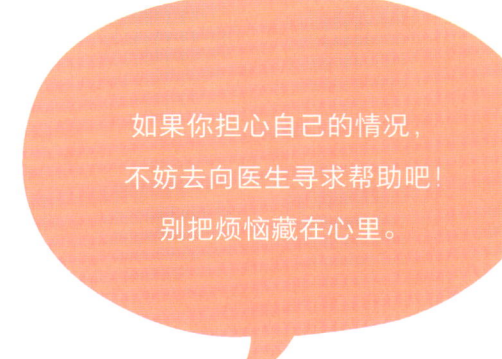

如果你担心自己的情况，不妨去向医生寻求帮助吧！别把烦恼藏在心里。

神秘的女性疾病

子宫内膜异位症和多囊卵巢综合征是只影响女性的私密疾病。这些疾病很少受到关注，甚至在医生中也是如此。因此，在获得恰当的帮助之前，女性往往长年累月遭受着痛苦。

幸运的是，越来越多的女性敢于站出来直面这些疾病。这让我们相信，女性在未来可以得到更快的诊断和更好的治疗。在这一天到来之前，女性坚持让医生了解她们的病痛问题是非常重要的。如果你痛经严重或月经次数过少，请认真去做检查。

阴 蒂

人体遍布着神经，它们接收着一切与我们皮肤接触的东西。我们的生殖器特别敏感，而最为敏感的当属阴蒂，因为那里有很多神经末梢。阴蒂头上的神经末梢，比我们身体的其他任何部位都要更加紧密地聚集在一起。阴蒂头非常敏感，因此在性和快感方面，它成了我们身体上至关重要的组成部分。

阴蒂由几个部分组成。阴蒂头位于小阴唇交会处的外阴正前方。它的形状像一个小球，上面有一层阴蒂包皮。不同女孩的阴蒂头大小不一。有些人可能会发现自己的阴蒂头露出阴蒂包皮很多。而有些人会发现它是完全隐藏起来的。

阴蒂头只是一整个大器官的一小部分。在表面之下，阴蒂环绕着你整个生殖器。不妨把阴蒂想象成一匹马，阴蒂头就是马头，然后是脖子，脖子以一定的角度进入你体内，变成一个小身体，然后分出四条腿。生殖器的两侧分别有两条腿，隐藏在阴唇下方，腿环绕着你的尿道和阴道。

勃 起

阴蒂脚由叫作海绵体的海绵状组织组成,外面包裹着一层膜。海绵干燥时体积很小,但如果把它浸入水中,它就会吸水然后膨胀起来。女孩是可以勃起的。勃起是指阴蒂中的海绵体充血,使它们变大。勃起后阴蒂的长度会变成平时的两倍!因此,生殖器看起来会更大,颜色更深。

勃起随时都可能发生。有时候是完全出乎意料的,还有时候是被唤起的。唤起是一种重要的生理感觉,我们在后文中会详细讨论。勃起时我们未必会注意到,不过也有很多女孩说她们感受到了生殖器在跳动或刺痛。这与阴茎变硬时完全相同。阴茎变硬也称为勃起。女性和男性每天都可能会勃起数次,甚至在我们睡觉的时候也会勃起。当阴蒂勃起时,小便可能比其他时候困难,这是因为阴蒂脚挤压到了尿道。

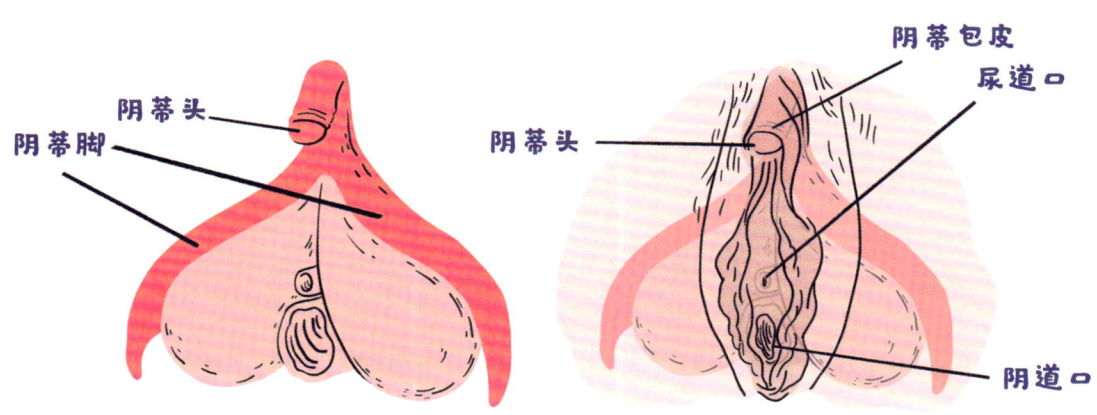

这张图展示了阴蒂的构造以及各器官在阴蒂处的位置

生殖器切割

在世界上的一些地方，女性的性欲被视为罪恶和威胁，因此成年人会伤害女孩的阴蒂和生殖器，这称为生殖器切割。有些女孩被切掉了阴蒂头，有些女孩的阴唇被缝在一起。这种虐待般的行为发生在女孩进入青春期之前。切割生殖器官是有害的，因此大多数国家都是禁止的。但即便如此，全世界仍有超过2亿的女孩处于危险之中。

在挪威，不仅对女孩进行生殖器切割是违法的，把女孩带到其他国家进行生殖器切割也是违法的。而且，知道某人将遭受生殖器切割而不采取任何行动也是违法的。如果有人发现有女孩要遭受这种折磨，他们有义务报警。

生殖器切割会导致生殖器感染和持久的疼痛。有些女孩小便或来月经都会有困难。很多女孩很难发生性行为。

请记住，遭受了生殖器切割的人并没有违法。如果你认识的人遭受过生殖器切割，一定要让她去寻求帮助，例如通过手术修复生殖器，这样，症状可以得到缓解。

阴道瓣

阴道瓣是位于阴道口内的一小块黏膜。它通常是圆形的,有点像戒指或发箍。但不同女孩的阴道瓣外观可能各不相同:有的阴道瓣可能像百褶裙一样呈波浪状;有的会延伸到阴道口,看起来像挪威字母 Ø;有的可能分成了好几个部分,甚至凹凸不平;有的很薄,中间有个洞;有的又宽又厚,中间的洞很小。

每个女孩出生的时候都有阴道瓣。在胎儿的生命早期,女性性器官发育时,阴道瓣随之形成。一开始,阴道瓣是一层封闭的膜,但在女婴出生之前,它会形成一个或多个孔。这是件好事,因为当我们进入青春期时,分泌物和经血需要有个地方可以流出来。

阴道瓣像发箍一样有弹性

阴道瓣不仅看起来像发箍,它也跟发箍一样有弹性。也就是说,如果把东西放进你的阴道,比如卫生棉条,阴道瓣会被撑开。有些女孩的阴道瓣比较紧,这意味着当她们把比较大的东西放进自己的阴道时,阴道瓣可能会轻微撕裂,然后可能会流一点血。大约有一半的女孩在第一次进行阴道性交的时候会因此而流血。

流血听起来有点吓人,但这并不意味着危险。不会有人流血多到对身体产生伤害,况且这种流血会自行停止。阴道瓣的轻微撕裂也会愈合,然后肉眼就看不到了。很多人以为当女孩发生过性行为之后,

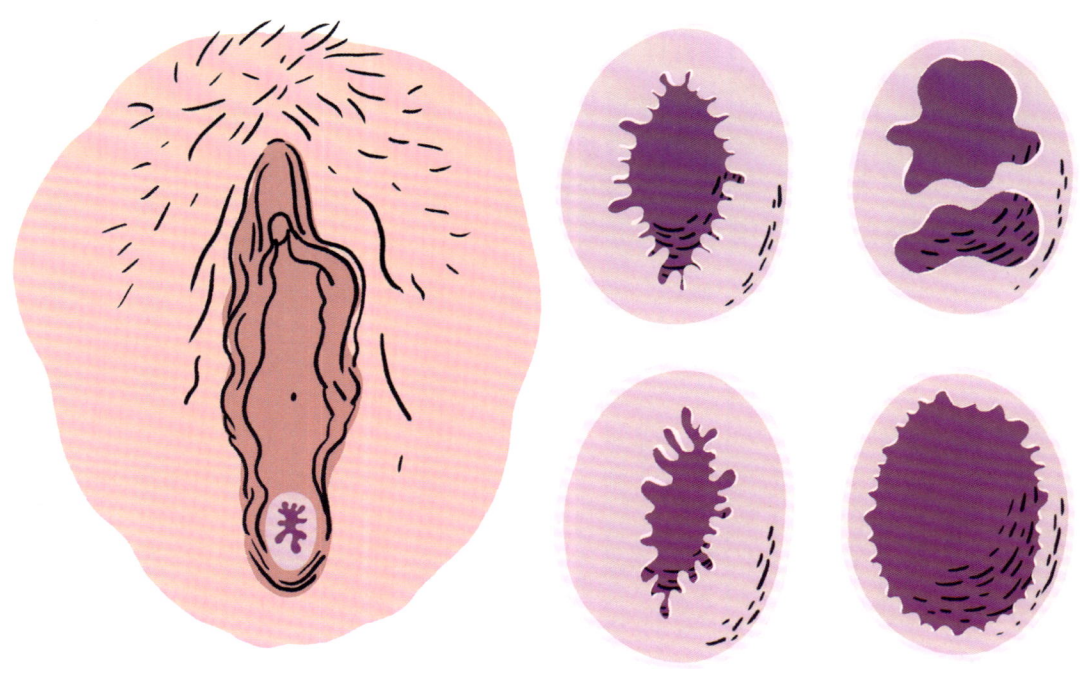

阴道瓣就会消失,但事实并非如此。如果你撞到了膝盖,膝盖会被磕破,但这并不意味着你失去了膝盖。膝盖上的伤口会愈合,阴道瓣上撕裂的伤口也是如此。

性交后阴道瓣不会消失。

阴道闭锁

极少数女孩的阴道瓣上面一个洞都没有。她们的阴道口被膜完全覆盖住了。阴道闭锁的女孩在开始来月经的时候会生病,因为血液被困在了阴道内。这意味着她们腹部的痉挛会非常严重,经血流不出来。只有做手术让血流出来才能解决这个问题。

危险的谣言

纵观历史，人们一直认为女孩等到结婚后再发生性行为是很重要的。等待的女孩被视为"纯洁的"，而未经允许就发生了性行为的女孩被视为"肮脏的"，甚至"人生都毁了"。也许现在这听起来很奇怪，但在挪威，人们也是不久前才摒弃这种观念。而且世界上很多人依然有这种想法。一般存在于宗教信仰浓厚或思想保守的地方，那些地方的人认为男性可以为女性做决定。

在这样的地方，阴道瓣通常被用来证明女孩是否有过性行为：人们认为新婚之夜没有流血的女孩之前一定有过性行为。还有人认为可以通过检查女孩的身体来验证她们是否是"处女"。这些都是无稽之谈，都是谣言——但这些谣言让女孩处于危险之中。如果她们不流血，或者如果检查她们身体的人认为她们看起来不像处女，这些女孩可能会被排挤、虐待，或者在极端情况下因所谓的贞洁而被处死。

正因为如此，许多女孩不顾一切地证明自己是处女。有些人会去找医生做检查，得到书面"证明"。这种证明被称为贞洁证明，根本就是垃圾。没有人能看出或者感觉出，发生过性行为和没发生过性行为的阴道瓣有任何不同。原因有如下几点：第一，有半数的阴道瓣不会因为发生性行为而受到破损，因此这种阴道瓣不可能在发生性行为之后就变了样子。第二，因发生了性行为而受到破坏的阴道瓣一般都会愈合，最后它们跟之前看上去一模一样。第三，不同女孩的阴道瓣完全不同，因此阴道瓣并没有一个固定的样子。观察阴道瓣时，没人知道它现在的样子是因为性行为而形成的，还是它一直就是这样。

有人会去做外科手术改变自己的阴道瓣。销售这种手术的人声称他们可以修复阴道瓣。但是要修复并没有被破坏的东西，根本就是不可能的事情，不是吗？而且，这种外科手术会让阴道口或阴道瓣比自然状态下的更窄。原理是让女孩做了手术之后更容易因为性行为而流血。然而，这种手术并不一定会起作用，也就是说，无法保证女性在第一次性行为时流血。同时，这种手术会让女性在进行性行为时非常痛苦。

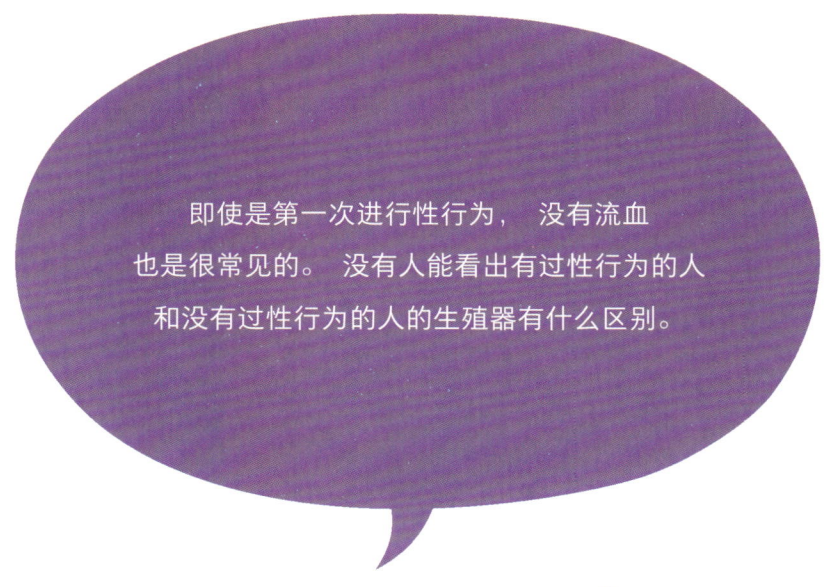

即使是第一次进行性行为，没有流血也是很常见的。没有人能看出有过性行为的人和没有过性行为的人的生殖器有什么区别。

处女膜

有些人在谈论阴道瓣时会使用处女膜这个词。处女膜这个名字很糟糕，因为它会造成很多误解。首先，很多听说了这个词的人会认为处女膜是处女才有的东西。处女通常是指没有发生过性行为的人。但女孩根本不会因为性生活而失去阴道瓣，所以这不是事实！其次，当人们听到"膜"这个词时，会认为是一种完全覆盖的密封的东西——有点像覆盖住阴道口的塑料薄膜。但这也不是事实！正如你现在所知，几乎所有女孩的阴道瓣生来就有一个洞。总而言之，阴道瓣这个官方名称要好得多。

推广这个词

每个女孩都有权确定自己的身体和自己的性生活，但并不是每个女孩都能这么幸运。传播关于阴道瓣的知识，揭露关于处女膜的谣言，这些都是让世界变得对女孩来说更自由、更安全的一小步。帮我们推广阴道瓣这个词吧！

阴道瓣会受到体育活动的影响吗？

很多年轻女孩跟我们说，她们觉得骑自行车、跳舞或骑马会破坏阴道瓣。这是无稽之谈。阴道瓣不会被自行车座破坏，运动或跳舞也不会伤害到它。你可以做你想做的事情，不必担心自己的阴道瓣，使用卫生棉条或月经杯也不会破坏阴道瓣。

双性人

绝大多数人天生具有典型的男孩或女孩的身体，但也有人是混合的身体，介于男孩和女孩之间。这种人被称作双性人（Intersex）。英文中Inter的意思是"之间"，所以这个词的意思就是"两种性别之间"。

女孩和男孩比你想象的更相似

混合的身体听起来可能有点奇怪。一个人的身体怎么可能既像男孩又像女孩呢？毕竟，男孩和女孩完全不同，他们的生殖器从各个方面看都是非常不一样的。

但事实上，男孩和女孩的身体是很相似的。他们生殖器的组成部分完全相同，只是各个部分以不同的方式组合在一起，并发育成不同的大小。

当我们在妈妈子宫里的时候，我们会慢慢地从受精卵细胞发育成一个完整的人类婴儿。我们的生殖器在我们还是胚胎的时候就形成了，它在一开始看起来像是胎儿双腿之间的一枚小钉子。无论婴儿最终成为女孩还是男孩，这个起点对每个人来说都是完全相同的。

这个小钉子叫作生殖结节。如果孩子长成男孩，它将变成阴茎；如果孩子长成女孩，它将变成阴蒂。

小钉子下面有两片柔软的褶皱。如果孩子长成女孩，这两片褶皱会变成阴唇；如果长成男孩，则会变成睾丸。如果你有机会仔细观察男孩的睾丸，就会发现中间有一条细纹。那就是他在妈妈肚子里的时候阴唇长在一起成为睾丸的地方。

DNA——身体的配方

如此说来，男孩和女孩的生殖器是从完全相同的起点发育而来的。那么，是什么决定了胎儿会发育成女孩还是男孩呢？

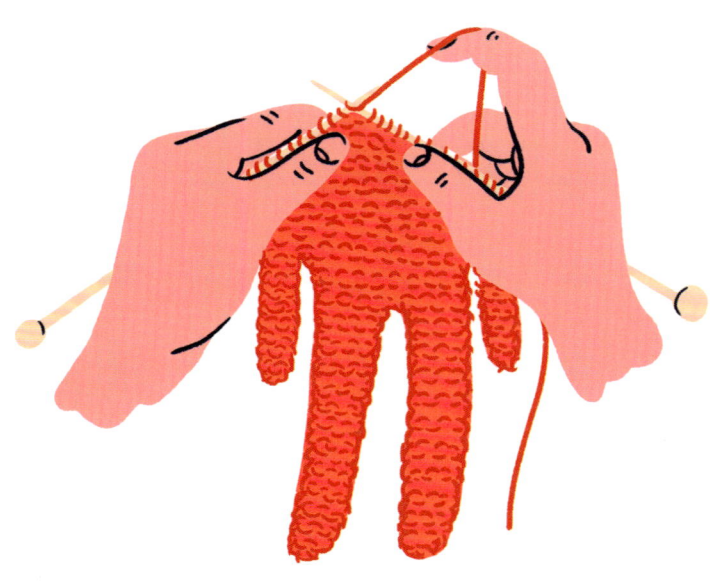

是我们的基因。我们所有的细胞中都有DNA（脱氧核糖核酸）。DNA是让你恰好成为你的独特配方！

DNA由长长的配方线组成，这些长线组成一小捆线——有点像纱线。这些线捆叫作染色体。其中有两条染色体决定了我们是女孩还是男孩，它们是性染色体。女孩有两条相同的染色体XX，男孩有一条X和一条Y染色体。

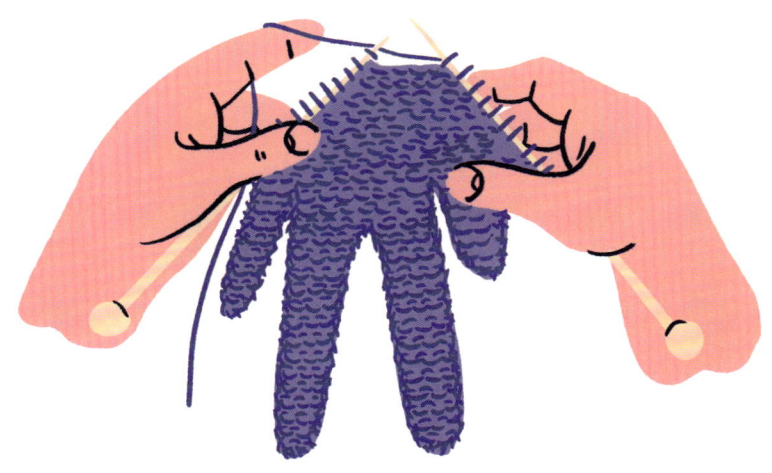

混合的身体

有时在搭建身体时，配方会读取有误。人体可能会长成既不完全是女孩也不完全是男孩的样子。如果生殖器的样子介于女孩和男孩之间，这种情况在外观上是可以看出来的。而有时候这种情况也会发生在体内的性器官上。这种人可能有外阴和阴道，但没有子宫和卵巢。

手术和错误的性别

过去,很多医生都热衷于尽早对拥有混合身体的儿童的生殖器进行手术。手术包括改造混合的身体,同时制造出女孩或男孩的身体。这样做手术是因为过去人们觉得,有女孩生殖器的孩子可以很容易地被培养成女孩,而有男孩生殖器的孩子很容易被培养成男孩。制造出女孩的生殖器对外科医生来说相对简单,所以大多数混合身体的人都被分配了一个女孩的身体。这就产生了问题——许多得到女孩身体的人不是女孩,而是男孩。

被放在一个自己感觉并不自在的身体里是非常难受的。如今,很多人选择让孩子在手术前先了解他们自己。也许他们会选择不去做手术。

与众不同也没什么不好！

双性人意味着这个人的身体与多数其他人的身体略有不同。但身体混合的人也拥有良好的、功能正常的身体，是足以让他们自豪的。双性人与其他人的不同之处在于他们的身体不适合特定的性别分类。他们中的一些人还可能会发现，自己不借助医疗帮助的话很难生孩子。

值得提出的疑问是，为什么适合特定的性别分类如此重要——为什么我们必须要么是女孩要么是男孩？毕竟，我们的个性比我们的性别更重要。

运动和双性人

运动是分性别的，因为男性比女性拥有更多的睾酮，因此他们拥有更多的肌肉和更快的速度。这给双性人带来了问题。中长跑运动员卡斯特尔·塞门亚（Caster Semenya）是一位拥有混合身体的女性。她的睾酮过多，以至于过去她曾被禁止以女性身份参加比赛。她为了能以这一身份参加比赛，付出了艰苦的努力。

什么是女孩？

身为女孩究竟意味着什么？这可不是一个容易回答的问题。虽然我们女孩有很多共同点，但没有两个人是完全一样的。我们是不同的人，喜欢不同的东西，看起来也不一样。有些女孩喜欢足球，有些女孩讨厌足球；有些女孩喜欢芭蕾，有些女孩足球和芭蕾都喜欢；有的女孩留短发，有的留长发。

这本书讲的是女孩在青春期时身体发生的变化，但并不是每个拥有女孩身体的人都是女孩，也并不是每个女孩都有女孩的身体。

性　别

身为女孩或女人意味着属于一个性别。之前，我们大多数人认为人只有两种性别——女性和男性。人们还认为区分这两种性别很容易，因为女性和男性看起来是不一样的。如今，幸运的是，越来越多的人意识到性别并非那么简单。一个人看起来像男人并不一定意味着这个人就是男人，而且性别的种类或许比两个多。

身体和身份

决定我们性别的因素有若干个,其中最重要的两个是我们的身体和我们的身份认同。

我们与生俱来的身体可以是男孩或女孩的身体。女孩的身体在双腿之间有外阴,而男孩的身体有阴茎和睾丸。此外,还有双性人,他们有着混合的身体。

身份认同是你头脑中的想法。如果一个人的身份认同是女孩,那就会认为自己是女孩。如果这个人的身份认同是男孩,就会认为自己是男孩。如今,很多人认为,在决定一个人的性别时,身份认同比身体本身更重要。我们完全同意这一点!

顺性别和跨性别

大多数人的身体和想法是一致的。比如写这本书的我们俩,天生就有女孩的身体,我们也认为自己是女孩。这种人就是顺性别者。

有的人认为的自己跟自己身体的性别是不同的。一个人出生的时候拥有男孩的身体,但他认为自己实际上是女孩,这种情况也是很有可能发生的。

这种人通常被称为"跨性别者",有人可能会说他们"生在了错误的身体中"。身体是男孩的女孩被称为跨性别女性或跨性别女孩。身体是女孩的男孩被称为跨性别男性或跨性别男孩。

第三性别

一些跨性别者的身份认同与男女两种性别中的任何一种都不匹配。这样的人可能更愿意说自己是另一个性别,即第三性别,或者根本不属于任何特定的性别。还有人在多种性别之间流动,他们称自己为性别流动者。

他、她还是他们?

很多人想知道该怎么称呼跨性别者:他、她还是他们?女性还是跨性别女性?其实并没有统一的答案来称呼所有的跨性别者。问问对方喜欢如何被称呼总是没错的。

不确定自己的性别是正常的

想要认清自己是谁可能是件困难的事。有些跨性别者从小就意识到自己出生在错误的身体里,但有些人需要花时间发现这件事。有人可能历经数年,总是觉得哪里不对劲,但最后才弄清问题所在。

难以启齿

告诉其他人你是跨性别者可能是件很难的事情。袒露心声后看到有些人过激的反应,确实是件伤心又可怕的事。

有的人可能会惊讶到不知道该说什么,还有的人可能会生气或害怕,但这并不意味着他们不爱你。找时间跟家人和朋友聊一聊,给彼此一个交流、倾听和提问的机会,这样他们才有机会理解你。告诉别人你是跨性别者通常被称为"出柜",同样,告诉别人你的性取向也被称为"出柜"。

出 柜

"出柜"是指告诉其他人你实际的性别或性取向。这个表达常常用在跨性别者、男同性恋者、女同性恋者和双性恋者身上。

出柜是件很困难的事，因为你周围的人可能会感到惊讶。有件事情值得我们思考：如果多数人不再假设每个人都是异性恋和顺性别者，我们就不用被迫"出柜"了。

有些人会不理解

我们不希望这样的事情发生，但有时成为跨性别者确实可能很危险。有些人看到不理解的东西就会生气。在某些情况下，生气的人可能会伤害他人。即使在今天的挪威，跨性别者也面临着被威胁和暴力对待的风险。如果你担心有人会伤害你或你认识的人，请一定要告诉你信任的成年人、警察或儿童保护服务机构。

让身体与你的想法相匹配

有些跨性别者想改变自己的身体或外表，好让自己在身体里感觉更自在。其他跨性别者选择让自己的身体和外表保持原样。

选择让身体保持原样的人，可能会用服装和化妆品来表达他们的性别认同。还有人会选择激素治疗和手术治疗，这叫作性别确认手术。想做这种手术一定要先咨询医疗人员。

只要不是由医生进行的激素治疗和手术就是有害的。有些跨性别者在等待治疗的时候非常不耐烦，甚至会直接在网上买药或伤害自己，这是极其危险的。

跨性别并不是什么新鲜事！

许多对跨性别者有偏见的人认为成为跨性别者是件新鲜事，但事实并非如此。事实上，人类有关于跨性别者的故事可以追溯到几千年前。

在希腊神话中，赫马佛洛狄忒斯（Hermaphroditus）是爱神阿佛洛狄忒（Aphrodite）和偷盗之神赫尔墨斯（Hermes）的孩子。赫马佛洛狄忒斯拥有女性的体形，但双腿之间有阴茎和睾丸。

在印度，有第三种性别叫作海吉拉（hijra）。4000年前的文本中就有对海吉拉的描述。海吉拉在宗教仪式中扮演着特殊角色，在过去，人们普遍认为他们拥有特殊的权力。

第一个通过手术改变身体的跨性别者是一位丹麦的艺术家。她于1882年出生时拥有一副男性的身体。很长一段时间她都以埃纳尔·韦格纳（Einar Wegener）的身份生活，但最终她成了女性并改名为莉莉·艾尔伯（Lili Elbe）。不幸的是，手术并不成功，莉莉在医生试图为她移植子宫后不久就去世了。

理智与情感

你有了月经和女性的身体，并不意味着你已经成年。青春期时，你的思想会变得成熟，思维方式会逐渐改变。你可能需要一些时间才能弄清楚自己是谁，想成为什么样的人。你的大脑本身也会在青春期发生变化。拥有成熟大脑的过程与拥有成人身体的过程一样充满挑战。对一些人来说，这是青春期最困难的事情。

情绪大杂烩

激素不仅会让你的身体产生变化，还会影响大脑从而改变你的情绪。你的情绪或许会在青春期时变得格外强烈，这是完全正常的。很多人在回顾青春期时，都会觉得这一时期比其他任何时期都更容易愤怒、不安和伤心。情绪波动也很正常，它会让你时而生气、悲伤、快乐，时而嫉妒、焦躁、羞愧等，而且这些情绪会变化得很快。你也会感受到之前从未有过的情绪，比如对爱情和欲望产生的强烈感觉。所有这些混合在一起，创造出了时而美好时而可怕的情绪大杂烩。

当你不习惯自己有这么多情绪的时候，会感到恐惧。别怕，要振作起来，并不是只有你一个人如此。你没有做错什么，你会慢慢适应它们。最终，你的大脑会发育成熟，激素也会平静下来。等到那时候，你需要应对的情绪就会减少。

负面情绪

每个人都有负面情绪。当我们失去所爱之人时，我们会感到悲伤。当其他人越过我们的界限时，我们会生气或害怕。当我们承受太多压力时，我们会感到力不从心或紧张。适量的负面情绪是健康的。我们的情绪教会我们直言不讳，帮助我们与身边的人建立更紧密的联系。负面情绪是自然的，并不意味着我们生病了。

精神疾病

精神疾病和失调症有多种多样的表现。精神疾病会影响我们的思想和情绪，导致我们产生反常的感受，状态很糟。有时，患者的日常生活也会受到影响。例如，他们可能难以应对工作或学习生活，或者很难与其他人打交道。

焦虑症和抑郁症都属于精神疾病。精神疾病很常见，多达五分之一的青少年存在精神问题，例如焦虑、睡眠困难和抑郁。有将近十分之一的女孩在青春期接受过精神疾病的诊断。许多人即使自己没有患精神疾病，朋友或家人也有患病的。这也就是为什么心理健康是很多人关心的问题。

为什么有些人有心理健康问题而有些人没有,这个原因很难说清。有些病症是遗传的,还有些人因为生活中的困境而患病,例如学校的压力、悲伤、失落或疾病。一般来说,我们找不到特定原因解释一个人为什么会患上精神疾病。它可能是由多种不同的原因一起导致的。

如果你自己或你认识的人患有心理健康问题,跟他人交谈并寻求帮助是很重要的。随着时间的推移和他人的支持,大多数人都会完全康复。

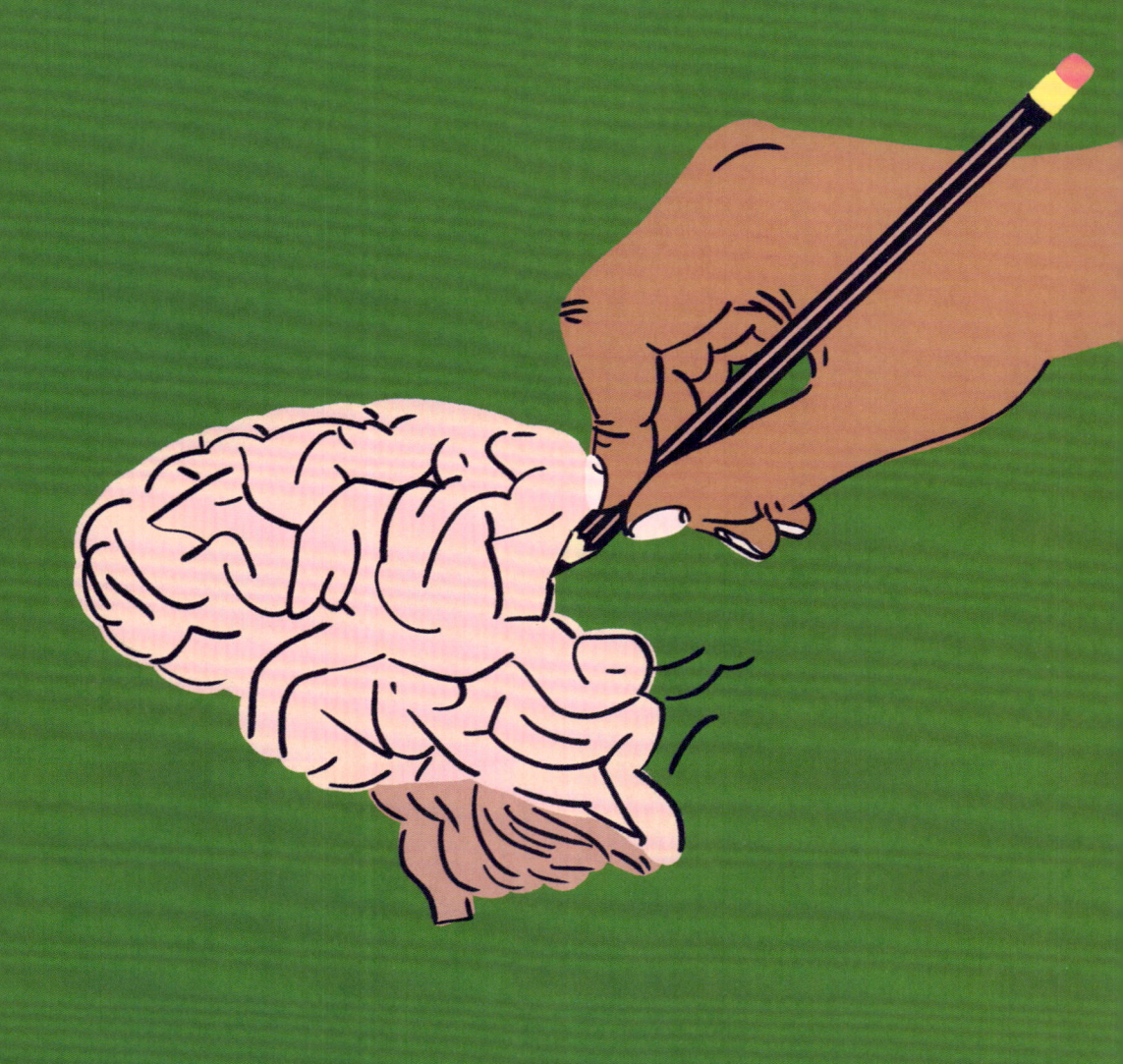

未发育完成的大脑

要了解青春期，就有必要了解我们从儿童成长为大人的过程中大脑发生的变化。如果从儿童的头骨和大人的头骨中取出大脑进行对比，大概看不出多大的差异。它们的组成部分都是一样的，运作方式也基本相同。儿童和成人之间的区别更多在于使用的那些部位，不同部位之间的合作方式，以及真正做决定的部位。人类的大脑直到20多岁才完成发育，而且会终身持续不断地调整和适应。

大脑长什么样？

你的大脑是个灰色的大肿块，漂浮在你的头骨内——在一小摊脑液中。大脑的外层是大脑皮层，大脑皮层本身有很多褶皱，因而它的表面积很大。大脑皮层是大脑中最薄的区域，然而在这里我们发现了大部分的脑细胞和神经元。神经元几乎支撑了我们人类所做的一切。

脑细胞通过长长的触角相互发送信号，有点像电缆。这些触角称作轴突。你可以把这些"电缆"看作神经元之间的桥梁。信息和信号以疯狂的速度通过"桥梁"发送。

神经元相互交流的方式，有点像我们身体的不同部位在激素帮助下的交流方式。不同之处在于，激素很微小，在遇到接收者之前可以在血液中自由流动。然而，神经元必须通过"电缆"和其他细胞产生直接的接触，才能发送信息。

大脑就像橡皮泥

你体验和学习的所有新事物都会在大脑的神经元之间建立新的桥梁。我们说大脑是可塑的：就像小孩玩的橡皮泥一样，是由周围环境塑造的。大脑中经常使用的区域会变得更大，而且会有宽阔的通路把这些区域与大脑的其他部分连接起来。比方说，如果你是一名活跃的足球运动员，大脑中控制你用于运球、射门和得分的身体部位之间就会长出新的桥梁。这样，我们神奇的大脑就确保我们在大量练习后，能够越做越好。要想拥有一个健康、成熟的大脑，我们必须接受挑战，我们必须重复。

> 在青春期，大脑会发生变化。它会进行一次清理！

童年：到处玩耍

在童年时代，你的头骨里面发生了很多重大变化。你的大脑会吸收你所经历的一切。它还不知道你想做什么——跳舞、踢足球还是唱歌——所以它只是开始存储所有信息，以备你日后所需。你可以把儿童的大脑想象成一个蹒跚学步的孩子：它很好奇，会捡起在地上找到的所有东西。它不会区分金子和石头，不会分辨东西重要与否。为了能装下所有的新信息，大脑飞快地成长。尤其是大脑皮层，以及它连接的所有神经元，每年都在不断增加体积。

青春期：断舍离

到了青春期，事情开始朝着相反的方向发展。你的大脑里塞满了信息，而大脑不确定你是否全部需要。是时候进行适当的清理了。当你弄清了自己是谁以及喜欢做什么之后，你的大脑会开始摆脱不必要的桥梁和多余的神经元。这是我们出生后大脑皮层第一次出现萎缩的情况！你的脑袋开始只专注于成为你自己：在杂乱无章的信息中，我真正需要的是什么？什么对我来说是真正有意义的？

同时，我们经常使用的区域之间，不再是狭窄的桥梁，而会变成宽广的高速公路。这说明了什么？这说明大脑开始变得越来越发达。为了完成困难的任务，我们必须同时使用大脑的多个部分，这些不同部分需要学会用全新的方式相互交流。这是一个挑战，也是我们在青春期会感到困惑的原因之一。

老板在哪儿？

很多青少年觉得成年人很讨厌，他们觉得自己长大了。也许从外表看你的确长大了，但你还是不能决定任何事情，设定合理的界限仍然是你父母的工作。这是因为你的大脑还缺少某些重要属性：它还没有老板。在挪威，到了18岁才算是长大成人。而若是考虑到大脑及其发育，18岁也有些早。女性到二十出头大脑才会发育完成，而男性要到25岁大脑中的"老板"才会就位。

大脑的老板是额叶。它就在你的额头后面,大脑的最前面。额叶是大脑中负责计划、掌控和组织我们生活的部位。它接受大脑其他部位发来的信号,例如它能够获取我们感受到的情绪、我们看见的事物和我们的记忆。额叶会评估所有不同的信号,根据重要程度为这些信号分类并制订计划。大脑的这个部位在青春期才开始拥有控制权。这也是儿童和成人之间的区别。

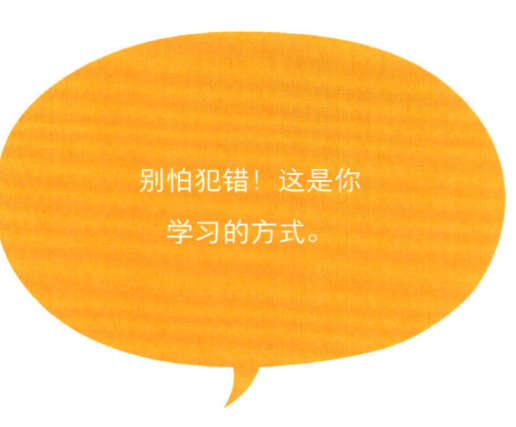

别怕犯错!这是你学习的方式。

你的大脑必须进行练习

对青少年来说,能够自由探索成人世界非常重要。探索和拥有犯错的机会可以让我们的额叶学习并发育。我们在年轻时被允许——尤其是敢于——犯错,所有错误都会让我们成为聪明自信的人。你当下正在经历的这个时期,即使你摔得人仰马翻,也仍然会让你有安全感,因为你知道大人正在照看你,他们会在你摔倒时将你扶起。但在你的大脑准备好全权负责,并且你成了自己的老板后,大人就不再是老板了。你的大脑首先要学习三件事情。我们称之为大脑的三大挑战。

大脑的三大挑战

1. 承担后果

后果是你做一件事的结果。青少年的大脑难以想象后果。例如,超速骑摩托车的后果可能是你摔倒受伤,或者你撞到某些人,他们会受重伤或死亡。你觉得这些不太可能?确实在一般情况下不会有这些问题。可尽管如此,还是有太多的青少年在交通事故中丧生或受伤。他们低估了危险发生的风险,并更容易冒险,因为他们不像成年人那样可以预见后果。

2. 控制冲动

这是什么意思?冲动是你突然想做某件事,常常是有趣、让人兴奋或感觉很酷的事情。例如,你可能突然想吃一整袋薯片,想得意地从高高的岩石上一跃入水,或是亲吻你爱的人。如果你能够很好地控制冲动,你就不会一有冲动就去行动。你会根据当时的情况做出适当的举动,比如说,你只有在查看过水有多深后才会去潜水。成人也会有冲动,但他们一般不会随心所欲。成人能够更好地控制冲动。

3. 理智与情感

成人的大脑经过了训练，能够根据计划和常识选择应该做什么。而青少年的大脑更多地受到情绪的支配。因此，只是因为感觉到某件事正确和重要，并不能保证它确实如此。令人惊讶的是，情绪往往是糟糕的向导，因为情绪会撒谎。情绪会让我们做出非常后悔的事情。

受到情绪的影响，你会更容易关注到重要的事情。这是好的方面。但与此同时，它也会让你更容易被不怀好意的人操纵。例如，你可能会被说服，没到足够的年纪就跟其他人发生了性关系，或者给别人发裸照，或者独自去跟网恋的人见面。在极端情况下，青少年还会被说服因政治或宗教极端主义仇恨或伤害他人。

我们需要情感，但我们绝对不能盲目相信它们。

什么是情绪？

快乐的感觉真是太好了！你会觉得笑很容易，身体很轻盈，几乎不记得悲伤是什么感觉。那自豪是什么感觉呢？你完成了一件自己差点就做不到的事情，感觉很骄傲，这种感觉也很不错。而难过是什么感觉？是完全相反的感觉，一切看起来都暗淡无光，你会感觉痛苦和绝望。

虽说难过和快乐你应该都感受过了，但还是很难准确地解释情绪带给你的影响。有时你的情绪会瞬息万变，甚至对身体产生影响。还有的时候情绪过于强烈，让我们失去控制。所有情绪的共同点是它们都会过去的。

想象一个没有悲伤、愤怒和嫉妒的世界。这听起来很诱人，但并不一定很理想。情绪对我们很重要！我们一切情绪的产生都是有原因的，即使坏情绪也是如此。

情绪的中心

我们的情绪来自我们大脑深处一个叫作边缘系统的地方。这里是大脑的情绪中心,与我们的记忆也密切相关。让我们产生情绪的情况或事物往往是我们记得最清楚的。如果你想起了很久之前发生的事情,当时出现过的情绪现在也会同样出现,尽管你不知道为什么。

为什么我们会有情绪?

情绪是我们健康的重要组成部分,它们让人类能够作为一个物种生存下去。这是因为我们的情绪控制着我们的行为,让我们能够成群结队地工作。

情绪的作用好像胡萝卜加大棒(奖励与惩罚并存的激励政策)。我们会躲避那些不良情绪,比如愤怒、恐惧和悲伤。与此同时,我们会做更多让我们快乐的事情。

与他人交流也需要情绪。情绪可以帮助我们从他人那里获得照顾、建立亲密关系,或者免受威胁。即使是陌生的成年人也会对哭泣的孩子表现出关心,而如果街上有个陌生人大喊大叫而且似乎很生气,大多数人都会与之保持距离。

我们和其他人在一起的时候，会试图通过观察他们的面部表情来了解情绪。反映在面部表情上的最基本的情绪，比如悲伤、喜悦、厌恶或愤怒，在不同文化中都是相同的。事实上，我们从婴儿时期就能够理解面部表情。如果我们看到妈妈或者爸爸开心，我们也会开心。如果他们生气，我们的反应便是生气、害怕或悲伤。婴儿通过模仿周围的人来学习情绪。其实我们在长大后也会做同样的事情。我们在与人交谈时会下意识地回应对方的面部表情和肢体语言，我们通过这种方式表明自己是否站在他们一边。

有些人已经学会隐藏自己的情绪，或表现出虚假的情绪，例如演员，他们只是在假装。普通人也可以学会这样做，他们戴上面具掩饰自己的感情。如果你有很多负面情绪，隐藏它们似乎更简单。问题是其他人看不出你的感受，那么他们就无法帮助你。

我们如何学习情绪？

我们整个童年以及一生都在学习解读、表达和应对情绪。人们调节情绪的方法可能很好，也可能不尽如人意。这是我们在生活中学习的重要的事情之一。

在部分家庭里，任何情绪都是被允许的，而且会得到理解，包括糟糕或难熬的情绪。孩子们会得到支持的回应，比如"我知道你现在很生气，没关系"，而不是把孩子晾在一旁，或是告诉他们要振作起来。在这种对情绪十分包容的环境下长大的孩子，能够学会了解自己的情绪。他们明白情绪并不危险，而且情绪会自行消失。无论多么痛苦的情绪，都不会持续下去。

而在另一部分家庭里，某些情绪是不被允许的。我们并不是说这些家庭在冰箱门上贴了一张便利贴，在"愤怒"的字样上画了一个大大的红叉。而是说孩子在表现出愤怒时总会受到责怪，他们最后就会认为这种情绪是错误的。未来，他们也会尽量避免这种情绪，也许他们会害怕生气。

害怕某些情绪的人会尽力压抑或忽略这些情绪。但封闭情绪不去管它并不是很好的做法。这样的话，你永远无法摆脱自己的情绪。这就像把一只非常愤怒的小狗关在一个很小的笼子里。小狗不会消失，它只会变得更加愤怒。

悲伤的男孩和愤怒的女孩

在当今社会，女孩和男孩应该是什么样依然受到期望的支配。这种期望称为性别角色。在传统观念下，女孩应该是善良、体贴和敏感的，而男孩应该坚强，而且更有存在感。

从很小很小开始，我们就被分成了不同的性别。在产房里，女孩会穿粉色衣服，男孩穿蓝色衣服。女孩收到娃娃，男孩收到汽车。性别角色影响着女孩和男孩的成长方式。

不同的抚养方式

很多人觉得，用不同的方式抚养女孩和男孩并不会造成什么伤害，但实际上，性别角色给我们带来了很多负面的影响。例如，现在人们还是普遍认为男孩比女孩更有天赋、更聪明，尽管这并不是事实。一项针对年轻女孩的调查显示，早在6岁的时候，女孩就觉得男孩是更聪明的，他们能够做到那些女孩做不到的事情。有一种观点是由于性别角色的教育，女孩普遍缺乏信心。同时，性别角色也可能会影响我们未来对自己情绪的管理方式。

愤怒是没关系的

愤怒是一种很多女孩都处理不好的情绪。这是因为愤怒违背了人们对女孩应该善良温柔的期望。愤怒的女孩会被视为霸道，不懂得体谅，爱抱怨。这就是为什么女孩比男孩在小时候容易因为愤怒被批评。相反，如果女孩在受委屈的时候开始哭泣，她们会得到安慰和拥抱。这样下去，女孩便认为悲伤和哭泣对她们来说是可以的，但愤怒不行。当女孩在以后的生活中需要愤怒这种情绪的时候，她们很可能找不到这种情绪，她们反而会悲伤起来。

悲伤也是没关系的

对男孩来说，情况通常相反。男孩是可以愤怒的，甚至常常是预料之中的行为。大人看到小男孩打架的时候会笑，会说发泄愤怒是健康的。然而，很多人认为男孩情绪化是很奇怪的。当男孩哭泣时，他们可能得不到拥抱，而是被教育要振作起来。就像女孩在实际需要愤怒的时候会开始哭泣一样，男孩可能会在真正需要悲伤的时候，变得愤怒或具有攻击性。

严格划分的性别角色伤害了我们所有人。女孩和男孩都需要在生活中全方位感受情绪。应该允许女孩愤怒和生气，也应该允许男孩敏感和悲伤。只有这样，我们才能成为完整的人。

运动是良医

很多人都知道运动对身体有益,但你知道运动对我们的精神也很有好处吗?你在锻炼的时候,身体会分泌一种叫作内啡肽的特殊快乐物质。这种物质使我们更快乐,甚至会让我们沉迷于运动。

运动不仅能让你睡得更好、更有活力,还可以缓解压力。这是一件非常好的事情,因为很多女孩由于学校作业、自己的外表或兴趣爱好变得压力很大,甚至生病。另外,运动产生的内啡肽也可以缓解疼痛,例如减轻痛经。最后,我们知道运动可以提高记忆力,让大脑到老年都能一直保持健康。

运动的方式有很多。找到一个你感兴趣的就好!

有强烈的情绪该怎么办？

1. 要记住情绪会过去！

一旦你知道自己不会永远悲伤或愤怒，就会更容易应对情绪，直到它消失。

2. 数到十！

只要你花点时间休息一下，强烈的愤怒情绪通常就会平静下来。有个传统的窍门，就是在说或做一些你可能会后悔的事情之前，先数到十。

3. 这是什么情绪？

有时候情绪非常强烈，以至于你自己都分辨不出具体是什么情绪。深呼吸，再仔细地审视它。审视情绪能够帮助你更好地理解它，然后你会更容易平静下来。你甚至可以大声说出来："我现在真的很生气！"

4. 为什么会有这种情绪？

当你弄清自己感受到的是什么情绪后——比如愤怒——试着找出愤怒的原因。一旦你明白了自己为什么有这么强烈的情绪，就会更容易平静下来。也许情况并没有你想象的那么糟糕？

5. 要记住情绪会说谎

当你对某件事有强烈的情绪时，你就会开始相信那些不真实的事情。例如，如果你对你妈妈非常生气，你的愤怒会让你觉得她是世界上最糟糕的妈妈，你恨她！但幸好这个谎言会在你的愤怒平息后一同消失。

6. 谈论你的情绪

这样你会更容易理解自己的情绪,也更容易应对它。你会发现自己并不孤单。

7. 想想让自己开心的事情

有时想想美好的事情,有助于控制情绪。不妨想想阳光明媚的夏日,或是跟最好的朋友一起骑车出游。

8. 自娱自乐

有时你会满脑子都是悲伤或难过的事情。你可以做些完全不同的事情来分散自己的注意力。比如与朋友相处、看电影、读书或散步。

9. 做些有创意的事情!

找点事情做是处理情绪的好方法。比如画一幅画、织一件毛衣或写一首歌!

10. 你是可以出丑的

即使你使用了这些技巧,也还是有可能说出或做出让自己后悔的事情,但至少你尝试过。每个人都会犯错误,但这并不会让我们成为坏人或难相处的人。不过,如果你表现得像个怪物,事后要跟对方说对不起。

11. 请记住其他人也有情绪

我们所有人都会感受到强烈的情绪。有人对你说了不好的话吗?试着从他们的角度看问题,这样会更容易原谅他们。

负面情绪与心理健康

压 力

当我们同时经历着太多的事情时,我们的身体、心理和情绪就会遭受压力。让我们产生压力的可能是危机或难题,也可能是对未来可能发生的事情的焦虑。

在你身体和头脑中产生压力的每一件事情都叫作压力源。例如,下周的数学考试可能是一个压力源。闺蜜会不会和你绝交?你会不会被孤立?这些担心也是压力源。压力源越多,我们身体产生的压力就越大。

压力能够帮助你集中注意力,让你精神振奋。但如果你在很长时间里压力都很大,就会变得不健康。长时间处于这种危机模式,你的身体和心理都会筋疲力尽。一旦发生这种情况,在恢复好之前你什么都做不了。

压力太大会导致焦虑、对自己产生负面看法或缺乏自信。这样下去,人会变得悲伤,产生睡眠问题,甚至抑郁。

焦 虑

焦虑是一种不安、不适或恐惧的身体感受。由于担心即将发生可怕的事情，我们会时不时地感受到些许焦虑，但有些人过于焦虑，以至于影响了他们的日常生活。有的人做日常的某些事情时会感到焦虑，比如乘坐电梯、飞机或地铁。还有的人会选择待在家里，不参加聚会或避开人多的地方，因为他们害怕与他人相处，这称为社交焦虑。另一种类型的焦虑被称作恐慌症，有恐慌症的人会突然遭受严重的焦虑，许多经历过这种情况的人觉得自己就要死了，或者快要疯掉了。这种感受如此强烈，很多人以为是自己心脏病发作去看急诊，结果发现自己是恐慌症发作了。

悲伤和抑郁

抑郁的人会变得情绪低落。这种感觉有点像加热器的温度被调低了。抑郁会让你的情绪变得低落，以至于你只能感受到悲伤、羞耻等灰暗和不愉快的情绪。很多抑郁的人也会觉得空虚和焦虑，对未来感到绝望。有些人会感觉很平淡，也就是说，他们感觉不到任何特殊的情绪。抑郁的人往往缺乏活力和精力，其中很多人都有身体问题。例如，他们说话或走路的速度开始比平时慢。有些人的饮食和睡眠也开始变得跟以前不一样——要么比以前多很多，要么少很多。

普通的难过和悲伤是人们在经历困难时会产生的自然、重要的情绪。例如，如果有人拒绝或伤害了我们，或者错过了一个好机会，我们都会感到难过。但抑郁与难过、悲伤之间是有区别的。抑郁的人会产生强烈的自我厌恶感，而且会在没有经历任何困难或难过的事情时，仍然感觉悲伤。

抑郁的人常常会让自己远离他人。有人甚至会想要自残或终结生命。请记住，直接询问对方是否有自残的想法是没有坏处的。相反，这可能正是对方需要的帮助。

恐惧、愤怒和暴力

恐惧和愤怒是真正的原始情绪。如果有人试图伤害你，快速切换到危机模式对你来说很重要。当这种情况发生时，你的大脑会依照本能运作，你的情绪会取代常识。恐惧和愤怒是为了保护我们的安全。

有些青少年经历过情绪极其强烈，以至于无法控制自己行为的情况。简单说，他们失控了。当情绪占了上风，人很有可能会做出自己本不想做或最终会后悔的事情。例如，他们可能会有暴力行为、伤害他人、说出刻薄的话或逃跑。

有些人比其他人更容易失去控制，这通常取决于我们拥有的记忆。很多儿童和青少年来自暴力家庭，还有的人遭受过虐待或战争，这些是你从外表看不出来的。我们的大脑会用糟糕的记忆来保护我们，它想避免我们再次陷入糟糕的境地。这就是为什么，我们很容易注意到那些提醒我们过去危险情况的细节。我们把这种情况称为被触发。

幸运的是，大多数人都过着安全的生活，我们的身体并不常常需要处于危机状态。但还是有些经历过危险事情的人，可能会在其他人不理解的情况下突然失控。这种失控是正常的反应，可以向家人或者朋友寻求帮助！

控制自己的情绪

每个人都有让自己平静下来和控制自己情绪的方法。例如，有人会想到去做一些有趣的事情，一个人做或者跟其他人一起，比如徒步旅行、数到十，或者听音乐。有的方法是有效的，而有些可能没用。有的是健康的，有的是不健康的，甚至是有害的。有害的典型例子是自残和进食障碍。

焦虑和压力在我们身体中是什么感觉？

焦虑和压力会使身体进入危机模式。当身体处于危机模式时，你会准备好做任何能保命的行为。比如从饥饿的狮子面前逃跑，或是攻击试图伤害你的人。

当你身边有危险的东西时，切换到危机模式是有好处的。但你在考试前感到焦虑或压力就没有必要了，因为你面前并没有饥饿的狮子或坏人。这时你身体的反应是过激的，会感觉很难受。

例如，你可能会经历：

- 心跳过快
- 手心出汗
- 身体发颤
- 不安
- 糟糕的想法
- 胃痛和腹泻
- 恶心
- 头晕

自　残

令人惊讶的是，自残在青少年中非常普遍，男孩和女孩都是如此。自残是极其危险的。

自残是指人故意伤害自己，但并不想死。比如划伤或抓挠自己的皮肤。有的人这样做是因为他们有着强烈的负面情绪，比如愤怒或悲伤。自残可能是想把这种精神上的痛苦转移到身体上。还有的人这样做是为了控制自己。无论如何，自残对解决负面情绪都毫无帮助，我们鼓励每一个在与自残做斗争或有自残念头的人立即向亲友或医生寻求帮助。

进食障碍

人们用饮食来控制情绪的做法被称为进食障碍。患有暴食症的患者会在吃饭后呕吐。暴饮暴食指的是一次吃得太多，停不下来。健康食品痴迷症的患者沉迷于"健康的"饮食和运动。患有厌食症的人吃得非常少。

关于进食障碍的误解有很多。首先，从外表上基本无法判断出一个人是否患有进食障碍。有进食障碍的人体形各式各样，体重有轻有重。厌食症患者可能非常瘦，但他们并不是为了要拥有特定的外表。当然，追求苗条身材的压力会有一定影响，但进食障碍发生的原因并不来自身体，而是源于失控的情绪。

就像自残一样，进食障碍是应对负面情绪和艰难处境的一种方式。进食障碍也是一种自残形式。对于有些患有厌食症的人来说，控制自己的进食能让他们对自己生活的其他方面拥有掌控的感觉。对一些人来说，暴饮暴食是一种平息负面情绪的方式；对另一些人来说，呕吐的感觉就像是在清理自己内心的负面情绪。每个人都有自己的理由。所有进食障碍的共同点是，虽然可以立即缓解当下的负面情绪，但很快就会导致更严重的问题。因此它们本身就是一种疾病。

心理健康问题

任何与负面情绪以及心理健康问题做斗争的人都可以通过一些方式获得帮助。跟朋友或成年人谈谈自己的感受可能是第一步，对大多数人来说，这足以让他们渡过难关。此外，还有很多地方可以为大大小小的心理问题提供帮助。比如学校的心理咨询处、医院的心理科，还有关于心理健康的网站和手机 App 程序。无论你的想法和感受是什么样的，你都要牢牢记住，你不是在孤军奋战，你可以获得帮助，情况都会好起来。心理健康问题并不少见，它们可能是痛苦的、难熬的，但幸运的是，它们终会得到解决。

追求完美的一代

有时候人们会觉得，今天长大的孩子和青少年，比如你，要比我们——或你的父母——长大的时候承担的压力更大。你的同龄人都在努力学习，计划着未来，渴望在生活的各个方面都做到最好：考试、爱好、运动和社交媒体。提前考虑是很好的，但如果想得太远，势必会让人筋疲力尽。尤其是在当下，很好已经远远不够了，每一件事都必须是完美的。这种压力会导致更严重的焦虑和心理健康问题。

"一切"都是可能的吗？

也许你已经听过自己的父母或其他大人说，只要你足够努力，就可以成为任何你想成为的人，实现一切梦想。梦想确实可以激励你努力实现自己设定的目标，但无论你多么努力，有多少梦想，你都不可能得到你想要的一切。这么说可能让你很难接受，但这就是事实。得不到一切并不能说明你是失败的。

相信我们可以得到一切会导致一个问题，那就是我们会被蒙蔽，以为自己可以控制生活中最微小的细节。如果我们可以成为任何我们想成为的人，若是我们最终没有做到，便是我们的错。但事实并非如此。我们常常会受到完全不由我们掌控的事情的限制，例如，国家一次只能有一个首相。我们想告诉你的是：你不需要让方方面面都完美无缺，你现在的样子就已经足够好了。

你很珍贵！

也许你认为只有当你成功实现了自己的目标，你才是有价值的。这会导致如果你表现不好，就会觉得自己是没有价值的。例如，如果你的科学考试成绩不好，或者在社交媒体上发布的图片没有收到很多赞，你可能就会看低自己。这听起来熟悉吗？

这种情况说明你已经忘记了自己的内在价值。内在价值指的是因为你是你自己，所以你有价值，无论你做什么或完成了什么。每个人都是有价值的，时不时地提醒自己这一点很重要。否则我们轻易就会被要表现优秀的压力击垮。

身体和自我形象

在青春期，身体会在短时间内发生很大变化，以至于我们都不认识自己了。很多人需要一段时间才能适应自己的新身体。与此同时，你身边的人的身体变化速度各不相同。你很难不把自己跟他们做比较。谁的胸最大？谁的痘痘最少？

我们无法决定自己的外表，无法控制青春期，身体会变成什么样子也不由我们掌控。然而你会注意到，有些样子的身体能得到更多赞美和关注，人们的表现就好像我们的身体应该长成那种样子。也许你觉得那种身体跟自己的看起来并不一样。

网络世界

社交媒体并没有让青春期的生活变得更轻松。现在你能看到身材绝佳的运动健将的特写照片。也许他们会修图，让他们自己看起来更好，他们贩卖着精心编排的故事，讲述着如何能够成为像他们一样的人。如果你足够努力地锻炼，买正确的东西，吃得足够健康，甚至做手术，你就有可能变得完美。这些人可能会成为不健康的、高不可攀的榜样。

当你面对这些完美的样本时，你与自己身体的关系很容易就会变得拧巴——你会开始挑剔自己的外表。通过节食或锻炼来塑造身体很容易，但你并不会对身体产生良好的感觉。你会常常对自己吃的东西感到内疚。我们也经常会有这种感觉，即使我们已经是成人了。确实应该把贬低自己的想法抛到脑后了。

我们知道,学习喜欢自己身体本来的样子是一项艰巨的任务,这需要时间和练习,以及对自己的耐心。很多人发现自己的自尊心在青春期和之后的生活中,慢慢溜走了。

转换思维

你对自己的身体或能力有很多消极的想法吗？我们建议你要学会保护自己。当我们注意到自己的自尊心开始崩塌的时候，我们要做的事是注销。我们注销掉社交媒体账号，不再关注所有让我们感觉不好的人，比如运动博主、模特或超级聪明的人。

短暂的休息通常可以帮助你转换思维。你也可以跟朋友们制定规则，当你们在一起时，不要评论自己或其他人的身体，无论是正面的还是负面的。可以称赞对方很幽默、善良或聪明。

你的身体不是为了参加选美比赛长成的，而是为了陪伴你度过一生。记得对它表示感谢和体谅，给它适量的营养丰富的食物，每天做一些体育活动。

在其他时候，尽量不要去想自己的身体，好好生活。

与他人亲近

突然有一天,肌肉发达的上臂或是 T 恤下柔软的乳房具有了全新的含义。鲜血涌上你的脸颊,你的思绪在崭新的、令人激动的方向狂奔。这是怎么回事?

即使之前已经爱上了同学或明星,但只有到了青春期,与他人亲近的愿望才真正绽放。你的脑海中可能开始做着令人分心的白日梦,幻想着自己跟别人亲热,温柔地探索着他人的身体。与此同时,身体会产生一种刺痛的感觉作为回应——唤起。也许你已经跟自己的恋人手拉手,然后发现自己笑得停不下来。也许你已经试过了初吻,感觉自己的心怦怦直跳。

与他人亲近,非常亲近,是我们能体验到的最美妙的事情之一。在青春期,你会以全新的方式与他人亲近。亲近你自己,亲近你的朋友,无论是女性朋友还是男性朋友。你可以把这件事想象成一个亲密的阶梯,每一次新的体验都是登上台阶的一步。我们将要告诉你这些台阶都是什么,而你将在准备好的时候,一级一级登上它们。

爱上一个人

爱上一个人是美好而有趣的。它非常吸引人，同时也可能是可怕的。也许你已经爱上了很多人，也许你还从未恋爱过，这两种情况都十分美好和正常。对于我们中的很多人来说，青春期是我们第一次真正坠入爱河的时候。爱情不再是"有点心动但几天就会过去"，而是"哭着睡着"或"像飘在粉红色的云朵里"。这些都是年轻人对爱情的描述，不过有些人可能从未体会过。

很多人想知道该怎么确定自己爱上了一个人。最常见的迹象就是你会一直谈论那个人，幻想着那个人，看着那个人，而且想要靠近那个人。你总想拥抱、靠近、亲吻那个人，以至于很难专注生活中的其他事情。也许你会偷那个人的帽子，或者假装借来一件毛衣，这样你就可以在睡前闻到那个人的味道。这听起来很疯狂，但对于陷在爱里的人来说，却是极其常见的行为。

你的身体会这样告诉你你恋爱了

当你爱上了一个人，你的身体会表现得仿佛遇到了压力或陷入恐惧：

- 当那个人在附近时，你的心脏会怦怦直跳。
- 你会脸红。
- 你可能会忘记自己想说什么。
- 你的胳膊和腿开始颤抖。
- 你的掌心会出汗。
- 你的嘴会变干。
- 你的胃里翻江倒海。

为爱痴狂

为爱痴狂这种说法有些年头了，但其实这并不是一种愚蠢的说法。年轻的爱情看起来确实有点癫狂——一种双相情感障碍的患者会经历的状态。双相情感障碍是一种精神障碍，患者在某些时候会很抑郁，而在其他时候会异常兴奋和精力充沛——也就是躁狂。陷入爱情就像是一种轻度的躁狂。你会异常地快乐，有用不完的能量。在其他人看来，你一定有些心不在焉、精神恍惚。睡眠变少是很常见的，因为你的大脑里充满了让你保持清醒的幻想。不过到了第二天，你通常会想要休息。

有剧烈的情绪波动、容易对父母和朋友发脾气也是很常见的。这是因为你觉得身边的人不理解你的感受。也许你的父母不同意你看心上人的足球比赛，他们觉得做作业更重要。也许你的朋友觉得，你花3个小时研究那个人在社交媒体上发的照片实在没什么意思。他们阻碍了你实现自己的目标，而你已经没有足够的自我洞察力意识到自己陷入爱里了。

更令人惊讶的是，陷入爱里的人常常觉得自己愿意为所爱之人牺牲一切，没有那个人自己就会死去。对置身事外的人来说，这可能看起来很荒谬，但这就是爱情带给我们的改变。

我们会爱上谁？

你无法决定自己会爱上谁。我们可能会爱上不同类型的人。你爱上的人可能已经是你的好朋友，也可能只是一个打过招呼的人，或者是你从未见过也不可能会见到的名人。你并不是总能想明白为什么你会爱上那个人。

从爱上到相爱

或早或晚，你必须决定自己想要什么。你是想等待自己的爱意散去，还是尝试迈出一步，跟那个人在一起？如果你想要拥有一个恋人，就意味着你要冒着被拒绝的风险。这就是爱情中两难的境地：有时候生活在幻想中感觉会更安全，幻想中你可以确定自己喜欢的人也会喜欢你。有时候幻想比现实更美好。

如果我们仍要冒险给出一点建议，那就是一句老话：尝试后失败总比从未尝试过要好！我们向你保证！如果你给一个人写了10封情书却从不敢寄出，到头来才发现那个人是喜欢自己的，这种滋味肯定特别不好受。为什么要浪费几个月甚至几年的时间去幻想有可能真实发生的事情呢？

有时候我们很幸运，不必冒任何风险就能得到自己想要的人，因为是对方先迈出第一步。但如果你选择这样，很多鱼就会消失在海里，而那些消失的可能是最好的。

我们爱上哪个人并不总是偶然的。我们常常会爱上那些我们已经产生了良好化学反应的人，因为他们让我们想到了自己。如果有他们的陪伴你觉得很好，他们对你也会有同样的感觉。我们人类就是这样。不知你是否意识到，你爱上这个人的原因很可能是对方已经爱上了你。

最后，请记得很多人都爱上过别人。每个人都知道这种感觉，而且跟你现在的感觉一样敏感而脆弱。如果你告诉那个人你爱上了他，他可能会说自己也喜欢你，也可能会用委婉的方式拒绝你。这正是因为那个人知道你正在做的这件事有多难，而且，每个人都希望被别人喜欢，即使是自己不喜欢的人。表白是一种赞美。

如何交到男朋友

1. 告诉一个朋友
这样你就能练习大声讨论爱情了。

2. 列出利和弊
如果你想向喜欢的人表白,你可以先写出可能发生的最坏情况,然后再写出可能发生的最好情况。

3. 5个问题
思考一下你想问这个人的5个问题。问题不能用是或不是回答,要问能引发对方思考的问题,比如:"你能想到的最可怕的事情是什么""说出一样你不能没有的东西""去荒岛你会带什么书"。

4. 做些恐怖的事
问问那个人有没有时间一起出去玩。建议你们可以一起看部恐怖片。这样的话,当你很害怕的时候,就可以拉着他的手或者靠近他一些。

5. 直接说出来!
如果你非常勇敢,你可以直接说出自己喜欢他,想跟他出去约会。如果觉得说太尴尬了,你也可以给对方发消息。

心 痛

这种感觉我们都经历过,我们喜欢的人不喜欢自己。或许是在勇敢地表白后遭到拒绝,或许是你的男朋友把你甩了。这时,你会觉得心痛,你的心碎了。

心痛的感觉仿佛是你爱的人死去了,就好像整个世界再也不会变回原来的样子,你再也不会真正快乐起来了。

我们知道这很艰难。当那个全世界你最喜欢的人不想跟你在一起的时候,你会很受伤。很多人在心痛的时候会妄自菲薄。请记住,这并不意味着你需要变得更好,或变得不同。你现在的样子就足够好了。

你在心痛的时候能做的最重要的事情就是善待自己,给自己时间去悲伤。好好哭一场,把美好和痛苦的回忆都写在日记里,或是跟你可以信任的人聊一聊。

爱上一个人就像对这个人上瘾一样。现在是戒断的时候了。你可以采取保持距离的方式,尽可能让自己忙碌起来,这样你就没有时间幻想,沉浸在悲伤中了。不要去那些你知道那个人会去的地方,强迫自己不要在社交媒体上偷窥他的动态,或者你可以暂时删掉他。新鲜的空气和锻炼会让你身体疲惫、大脑平静。你会睡得更好,避免在睡觉的时候忧心忡忡、泪流满面。

把你房间里和手机里能让你想起那个人的东西统统丢掉。爱和悲伤都会过去，虽然很慢，虽然你在当下很难相信，但世界还会和以前一样，很快你就会再次展开笑颜。总有一天，你会爱上另一个人，也会有另一个人爱上你。

破碎的心

有时候，心痛或其他情绪会影响我们的心脏。心痛的确有可能导致人死亡，尽管这种情况极其罕见。有一种心脏病叫作"心碎综合征"。患有此病的人大多是50岁以上的女性。她们在生活中遭遇了困难，比如离婚或失去了所爱的人。

这类病患，心脏会突然变大。心脏中厚厚的肌肉壁变得松弛，无法再将血液输送到身体各处了，然后患者就会心力衰竭。幸运的是，一段时间之后心脏通常会再次收缩。大多数人在几天或几个月后会完全康复。尽管如此，这种疾病依然提醒我们情绪可能有多么强烈。情绪不是玩笑。

性取向

性取向是个严肃的话题,它让我们了解自己会爱上什么人。在挪威语中,形容性取向的词都以"fil"结尾,来源是希腊语的"philia",意思是爱或感情。

如果一个女孩只会爱上男孩,那么她就是异性恋(heterosexual)。"异"(hetero)表示"不同"。因此异性恋者会被与自己不同性别的人所吸引。而会被与自己相同性别的人吸引的人是同性恋(homosexual)。"同"(homo)表示"相同"或"相似"。性取向是女性的女孩,我们会称之为女同性恋(lesbian)。这个词来源于希腊的莱斯沃斯岛(Lesbos)。公元前600年,有一位诗人住在莱斯沃斯岛上,她的名

字叫萨福（Sappho），以给其他女性写情书而闻名。如果一个女孩既喜欢女孩，也喜欢男孩，她就是双性恋（bisexual）。"双"（bi）表示"两者"。有些人在谈恋爱的时候根本不在乎性别，只是爱上了某个人。这种性取向叫作泛性恋（pansexual）。"泛"（pan）在希腊语中表示"一切"。

性取向并不是一个问题。我们会爱上不同的人，没有人可以决定我们应该爱上谁，而且这是一件非常私人的事情。

但不幸的是，竟然有很多人对别人爱上什么样的人有很多看法。爱上跟自己一样性别的人依然在遭受着反对、欺凌、暴力和排挤。在挪威，同性恋直到1972年才合法，而世界上还有许多地方的法律现在依然不接受同性恋，甚至有人会因为爱而进监狱！大多数主流宗教也反对同性恋。

你有权爱任何你想爱的人。

我怎么知道自己的性取向是什么？

有些人在很小的时候就知道自己是女同性恋、男同性恋或双性恋。还有些人在成年后才知道。有些人会先尝试与异性交往，之后才发现自己爱的是同性别的人。

无论是青少年还是成年人，被同性吸引是完全正常的。这并不一定意味着你是女同性恋或男同性恋，只是有这种可能性。很多异性恋者会被两种性别的人吸引，与不同的人发生性关系。不同之处在于女同性恋、男同性恋或双性恋会对那个人产生爱情。

这确实有点难以区分，尤其在我们年轻的时候。所以不妨提醒自己，不必现在就找到答案。很多人直到人生过半才弄清楚自己的性取向，有的人会选择不去定义自己的性取向。最重要的就是你过得舒服，而且知道爱与被爱都是礼物，无论你爱上什么样的人。

社会控制

你所在的家庭和文化，可能会允许你爱上任何你想爱的人，跟任何你想在一起的人约会，探索你的感受，自己为自己的身体做决定。但情况并非总是如此。你也可能来自一个有着严格限制的家庭或社会，让你无法为自己的生活做决定。

挪威的许多青少年都是社会控制的受害者，也就是说，你为自己的生活做决定这一基本权利会受到侵犯。社会控制意味着你的家庭可能会决定你要跟谁交朋友，你要爱上谁，要跟谁约会。你可能还不被允许与别人接吻以及发生性关系。

由于社会控制，一些女孩面临着威胁，甚至精神或身体暴力。曾经发生过一些谋杀案，女孩因为违反家庭规则，玷污了家族的"名誉"而惨遭杀害。

无论你来自什么样的家庭和文化，人权和法律对你来说都是适用的。你有权对自己的身体和感受做决定。每个人都有权爱上任何自己想爱的人，用自己喜欢的方式生活。

如果你遭遇了社会控制，需要帮助，记得去求助你信任的成年人。

亲吻和亲热

亲吻是把你的嘴唇压在某物上。朋友和家人之间互相亲吻来表达爱意是很正常的。喜欢你的人或许已经亲吻过你的脸颊或额头了？那么第一次亲吻你喜欢的人对你来说应该也不会是什么难事。毕竟你已经体验过亲吻了，不是吗？

现在的问题是，亲吻要发生在嘴上，这件事一下子就有了全新的意义。每个人都知道，如果有人想亲吻你的嘴，就意味着喜欢你。接吻不仅仅代表着两人的嘴唇相碰，还代表着你内心深处的感受，接吻会让你变得柔软而脆弱。

接吻能够让你坠入爱河

接吻的时候，我们的大脑会产生一种爱意因子。这种激素叫作催产素。它能够强化以及改变我们的感觉。当一个女人有了孩子，开始给孩子喂奶时，她的体内就会分泌大量的催产素。这让母亲的内心充满了对这个孩子的爱和关心。人们在接吻的时候，这种爱意因子有助于我们跟亲吻对象产生联系，甚至会让你爱上对方。

初 吻

也许以前你已经亲吻过别人上千次了，但一想到要第一次亲吻你爱的人，你就会辗转反侧，彻夜难眠。你怎么才能知道是不是可以亲吻对方呢？怎么选择合适的时机？如果产生了误会，对方并不想跟你接吻该怎么办呢？

我们建议你可以选择只有你们两人或是周围人不多的时候。有些人觉得在黑暗的环境，比如电影院、冬日的夜晚或舞池里，接吻会更容易。黑暗会制造一种安全感，也不容易让人发现你那通红的脸颊和颤抖的双手。你们的身体也会更容易靠在一起——比如你们并排坐在沙发上，或一起跳舞。这时，你需要考虑你们之间的气氛。可以靠得更近一点，看看对方的反应如何。你们的目光相遇了吗？对方也用微笑回应你了吗？

熟能生巧！

如果你想万无一失，你可以问问对方。这样做并不愚蠢。你只需要说"我可以吻你吗"或是"我想吻你"。如果你喜欢的人并不想吻你，这样做其实是让你们两个都轻松了。对方有机会说不想，这样你就避免了去亲一个会转过头去的人。

激情热吻

很多人在第一次的时候都会对技巧感到紧张。你是应该激情热吻还是正常地接吻？激情热吻，也称作舌吻或法式热吻，是不同于你把嘴唇压在另一个人嘴唇上的那种吻。激吻时，你会张开双唇，张开嘴亲吻对方。然后，你们的舌头开始打招呼。你们的嘴唇和舌头一起在对方的嘴里移动，就像一场舞蹈。

激吻建议

1. 界限

你不确定对方是不是想跟你接吻是吗?先问问吧。如果你误会了对方,亲了并不想跟你接吻的人,请说抱歉。接吻是一种亲密、私人的体验,我们应该尊重对方的界限。

2. 接吻时应该像只鸭子,而不是像头狮子

人们常犯的一个错误是立刻张开嘴。有点像两头狮子在互相撕咬。如果你们张着嘴亲吻,双方的牙很快就会碰在一起。牙齿碰撞倒不是灾难,但可能会有点尴尬。我们建议你开始亲吻的时候可以模仿鸭子——把嘴闭起来。做个"鸭子脸"!这样,你就能保证在接吻的开始阶段,你的嘴唇是盖住牙齿的。只有当两张嘴唇安全地相互接触在一起时,你才能张开嘴,开始使用你的舌头。

3. 当心你的舌头

亲吻的时候会用到舌头，但不要过度。如果有人把舌头伸进你的嘴里，甚至到了喉咙，你会感觉很害怕和不舒服。还要记住，现在是一个人在亲吻另一个人，你不是洗衣机。对于绝大多数人来说，舌头转得飞快像螺旋桨一般，有点难以接受。

4. 接收信号

我们无法一边说话一边接吻，但人的嘴还是可以用某种方法交流，我们会给对方发送信号。如果你正在吻的人很谨慎，而且不太用舌头，那么你也要谨慎一些。你是能够判断出对方是不是喜欢你正在做的事情的。比如，对方可能会通过更积极的吻来回应你。

下体刺痛

从小时候起，唤起就是我们身体的正常反应。唤起的感觉可能是生殖器发痒。也有人把这种感觉描述成刺痛、跳动，一股暖流蔓延全身，让你起鸡皮疙瘩。你的心脏怦怦直跳，而且你会发现自己很难专注于身体之外的其他事情。这是一种既美好又特别的感觉。

唤起是一种随时可能发生的身体反应。它可能因为接吻、背部发痒，或者因为你想到了自己爱的人而被触发。在青春期，很多人会无缘无故地感觉到唤起。被其他事物唤起的经历也很普遍。例如，我们可能会因为看到他人的身体，看到电影中的亲热镜头，或者仅仅闻到了我们心上人的香水味而被唤起。

当你被唤起时，身体会发生什么？

当你被唤起的时候，血液会流向你的生殖器。这就是为什么那里会发痒和跳动。或许你还记得我们在阴蒂那节里讲到过勃起。当你被唤起时，阴蒂会勃起，而且体积会膨胀到正常大小的两倍。生殖器受到的压力增加，感觉就像是你想要小便。

有的时候，你会感觉到自己的生殖器也变湿了。这与普通的分泌物完全不同。唤起时液体会通过阴道壁渗入阴道，润滑阴道。阴道口的两侧各有两个腺体，可以产生光滑的无色液体。你在长大成人后，这种液体让你的身体能够发生性行为。

唤起并不意味着想要发生性行为

性唤起的感觉来自生殖器，这种感觉在想要发生性行为之前很久就已经有了。例如，学龄前儿童触摸自己的生殖器是很正常的，因为这种感觉很舒服，婴儿甚至也会勃起。当然，这跟性行为无关。即使身体被唤起了，人也不需要做任何事。唤起的感觉会自行消失。

性欲和幻想

只有当我们长大了一些，我们才会把身体的唤起与恋爱、亲热、亲密以及性联系在一起。但在长大到可以进行性行为之前，我们很自然地就会被别人的身体、幻想、梦境、书籍或电影所唤起。

认识自己

触摸自己的生殖器可以让身体感觉到一种特别的舒服感。这种做法叫作自慰。有的人自己发现了这一切，而且从小时候就开始这样做了。其他人从别人那里学到或读到后才知道怎么做。

自慰对女孩和男孩来说都很正常。我们在自慰的时候，会屏蔽掉生活中的所有其他事情。

我们的大脑还会通过制造快乐物质"内啡肽"以及爱意因子"催产素"来做出反应，其中的"催产素"就跟你与某人亲吻时产生的物质一样。这会让我们感觉更快乐、更放松、睡得更好。同时，自慰还能够帮助很多人与自己的身体建立更加积极的关系。

亲密阶梯

当真正爱上一个人的时候,你会自然而然想要靠近那个人:牵手、拥抱和亲吻。渐渐地,在越来越信任对方之后,你可能就会想要再进一步。我们称这个阶段为抚摸、亲热或探索。在到了一定年纪之后,人会发生性行为。这一点我们稍后再说。

不妨把亲密行为看作一个阶梯。最低一级台阶是牵手,然后向上一级是拥抱,再然后是接吻。试着向上走,每一步都需要大量的时间。接下来是抚摸或亲热,先在衣服外面,然后在衣服里面。在继续之前,请确保自己是舒服的,而且是在台阶上站得很稳的。之后是不同类型的性行为。如果你觉得自己爬得太高了,出现了害怕的感觉,那么你要做的就是往下走一两个台阶。

我们中的很多人都做过自己认为已经准备好的事情,然后又后悔了。没有关系。你同意过某件事情一次,并不意味着别人有权要求你下一次做同样的事情。在测试了自己的界限在哪里之后,改变主意的选择永远在你自己手上。

因此，与他人发生亲密行为的时候，最重要的是要跟自己喜欢并感到安全的人一起做这件事。对方并不一定是你的恋人。比如有很多女孩会跟女性朋友练习接吻。

思想要准备好，身体也要准备好

有的人需要很多年才能从初吻到准备好做更多与性相关的事情，是极其正常的。有些人的进展速度很快。不论是何种亲密行为，都要准备好再行动。

准备好是什么意思？它有两个方面。首先，你必须感受到欲望。欲望存在于头脑中。其次，身体也必须准备好。如果身体准备好了，我们会感到兴奋，这点我们之前提到过。

我们的思想和身体可能需要很多年才能达成一致。在没有准备好让他人靠近自己身体时被唤起，是完全正常的。也有可能在没有被唤起的情况下，依然想与自己的另一半发生亲密的行为。而这两种情况都说明时机还未到。问问自己：我准备好了吗？你是唯一知道答案的人。

性行为

"亲密阶梯"的顶端是性行为。大多数成年人认为性行为是很棒的事情。在最佳状态下，它是一种爱的表达，是极其美妙的感受。就像其他亲密行为一样，性行为对我们的身心健康是有益的。

也许你已经听说过很多跟性有关的事情。也许你经历过全家人坐在一起看电影，突然间主角开始躺在床上接吻，大人们变得奇怪和尴尬？也许你读到过或听说过大人说他们做爱、一起上床或"共度良宵"？

你感到好奇，这并不奇怪，不过尽管如此，我们还是希望你过很长时间之后再发生性行为。

我们一边写着有关性的事情，一边告诉你现在不应该发生性行为，这似乎有些矛盾。但我们写这一节是有充分理由的。

如果你了解了性，就会更容易设定自己的界限。性相关的知识会让你对自己的身体更有自信，还能让你在未来更好地保护自己，避免意外怀孕和疾病。同时，青少年觉得了解了更多的知识以后，他们与自己身体的关系会更积极、更放松。这正是我们想为你做的！

有点困惑？

很多人说，性行为是两个相爱的人一起做的事情。在某种程度上确实如此，但有时人们也可能与自己不爱的人发生性行为——与男性或女性朋友，甚至与刚认识的人发生性行为。

有人也可能会说，性行为是让女性怀孕、让我们生育的事情。这也是正确的，但性行为可能远不止于此。只有当一个女人和一个男人一起发生性行为，并且只有通过阴道性交这种特定方式发生性行为时，人才能怀孕。除了阴道性交，很多人还会通过其他方式发生性行为，这样是不会怀孕的。

这就是性行为

一项活动要称为性行为，必须满足 3 个重要标准：

1. 性行为需要两个人进行。自慰是在独自一人的情况下抚摸自己，不属于性行为。

2. 发生性行为的人需要亲密接触自己或对方裸露的生殖器。如果没有，就不能叫作性行为。热吻、抚摸、穿着衣服贴得很近或亲吻对方的身体都不属于性行为。

3. 第三个条件是双方都必须同意。如果一个人不想要，那就不叫性行为，而叫强奸。

因此，性行为是指两个人愿意对彼此裸露的生殖器做一些事情，共同度过美好的时光。

不同类型的性行为

用手触摸对方的性器官通常称指交或为对方手淫。指交是触摸对方的阴蒂，或把一根或两根手指插入对方的阴道。为男性手淫是指刺激其阴茎。用嘴发生性行为称为口交。涉及肛门的性行为称为肛交。

阴道性交是指男性把阴茎插入女性的阴道。这种方式通常叫作

"交媾""上床"或"做爱"。随着身体移动,阴茎会在阴道处滑进滑出。当其中一人或两人达到了性高潮,或感觉不想再继续时,性交就结束了。如果男性达到了性高潮,精子会从他的阴茎中流出。之后,阴茎就会变软,无法再继续进行性交。这种性交方式能够让女性怀孕。

除了阴道性交,其他类型的性行为都有一个优点:几乎不会导致怀孕。然而,任何类型的性行为都有可能导致通过性传播的感染病。

为什么说等待才是明智的?

大多数挪威青少年发生性行为的年龄都在 16 岁以上。一项针对挪威青少年的重要调查在 2018 年的调查结果显示,青少年第一次发生性行为的平均年龄为 17 岁,只有 3% 的人表示自己在 14 岁之前发生过性行为,几乎一半的青少年的第一次发生在 18 岁之后。如果你正在感受到压力,不想发生性关系,这些数字都是对你的支持。

不幸的是,许多年轻女孩受到年长伴侣的压迫,不得不在她们还没有准备好的时候就更进一步。在挪威,可以发生性行为的最低年龄是 16 岁。因此,与 16 岁以下的人发生性行为是违法的。即使当事人同意发生性关系,即使两个人确实是恋爱关系,也是违法的。如果与 14 岁以下的人发生性关系,将会受到更严重的法律制裁。法律并非要"抓捕"想在 16 岁之前发生性行为的青少年,它真正的目的是保护你不受虐待。

从你自己的角度出发，晚一些再发生性关系是明智的做法。性使我们变得脆弱，因为我们允许某人靠近自己。更重要的是，性可能会产生许多后果，例如怀孕或感染性病，这些都是我们需要足够成熟之后才能应对的。正如我们在关于大脑的那节提到的，我们很容易被情绪支配，做事不够深思熟虑。成年人也会做一些考虑得不够妥当的事情，但他们有能力为自己解决问题，他们可以承担后果。儿童和青少年未必也能如此。

你知道挪威的性同意年龄是 16 岁吗？

发生性行为意味着有可能怀孕，意味着有可能感染通过性传播的疾病，需要去看医生。为了保护自己，避免患病和意外怀孕，我们必须找出安全有效的避孕措施。如果还没有做好承担责任的准备，也就是没有做好发生性行为的准备。

同　意

也许这听起来很奇怪，但在有些情况下，我们确实很难说不。因为我们在害怕时会失去对身体的控制，身体会僵住。这就是为什么最好要获得对方的明确同意，而不是等待被对方拒绝。这样，你才能完全确定你们两个都想要这个，而且都已经准备好了。

同意某事称为给予同意，我们可以同意各种各样的事情——比如分享照片、接吻或发生性行为。同意不是永远不变的态度。即使你同意了某件事——比如发生性行为——你依然可以改变主意。任何时候都可以这样做，即使是在你已经开始之后。如果你不想再继续，另一个人也必须停下来。

同意也仅仅适用于人们说了同意的那件事。把衣着暴露的照片发送给自己喜欢的人，不等于同意让全校都看到这张照片。同意接吻不等于同意抚摸乳房。一件事永远不等同于另一件事。

如果不征求同意，就会很容易产生误解。这是因为我们都在用不同的方式做出反应。比如，有的人可能会在遇到不舒服的事情时开个玩笑或一笑了之，即使他们实际上很害怕，想要逃离。不幸的是，很多人认为别人说不时其实是在表达同意，只是为了欲擒故纵。这种想法很糟糕。要明白当有人说不的时候，他们的意思就是不，这一点很重要。

鉴于这种情况，很多人在青春期的时候遭遇过性侵犯，很多人也成了侵犯者，但他们往往连自己都没有意识到。

多次询问对方是否真的想要并没有什么坏处。这样可以吗？我可以继续吗？你想要这个吗？这样，就不会产生误解。

避孕措施

避孕能够降低怀孕的可能性以及患上性传播疾病的风险。

避孕套是套在阴茎上用于收集流出的精液的乳胶套。避孕套可以防止怀孕，避免感染疾病。

激素类避孕措施是给女性使用的，会影响女性的月经周期，让她们的身体无法怀孕。这种避孕措施有很多种不同的类型，比如吃避孕药，植入避孕棒或宫内节育器。如果要使用激素类避孕措施，请先咨询医生。激素类避孕措施可以避免怀孕，但不能防止疾病。

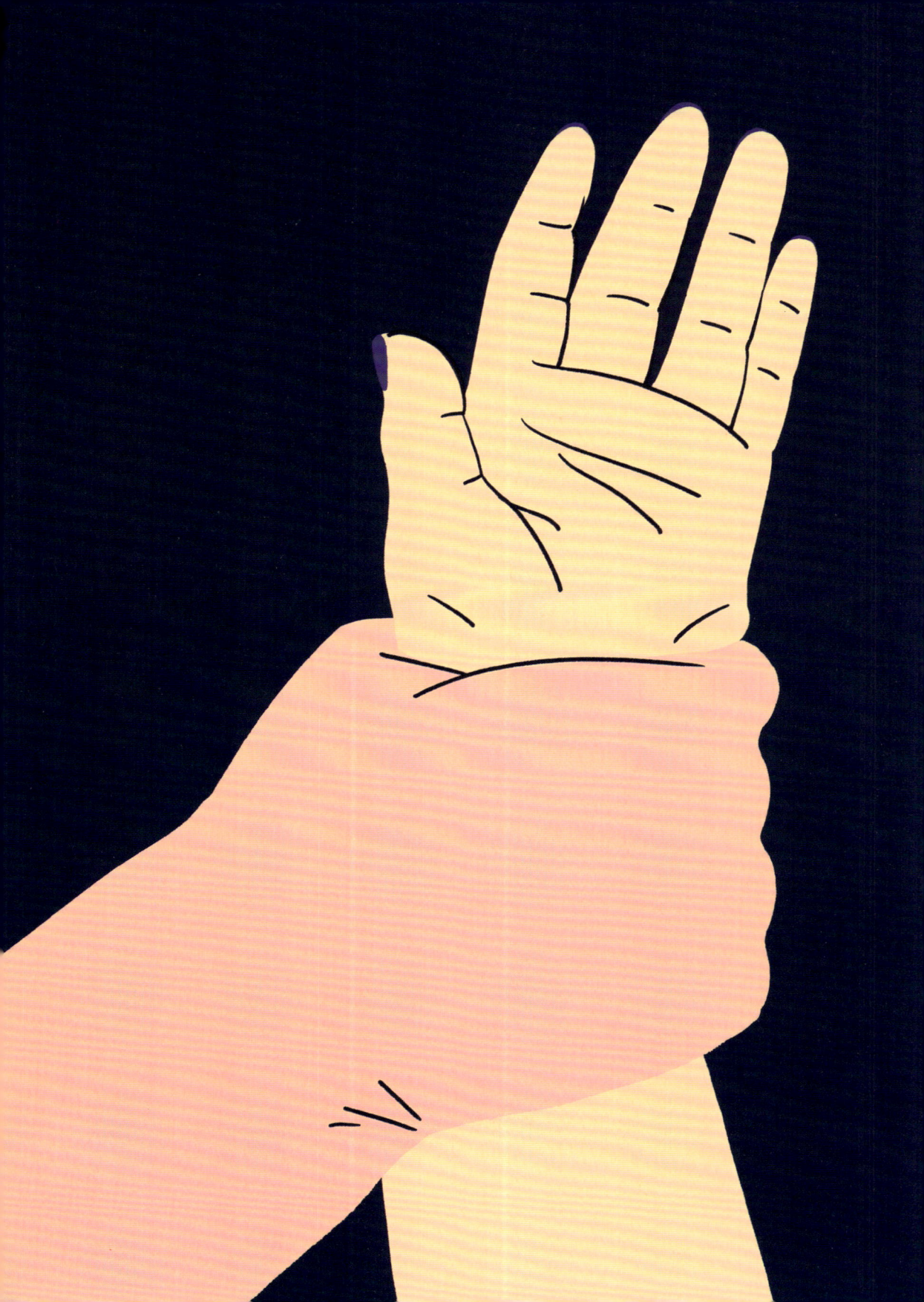

性侵犯

这本书讲的是我们奇妙的身体。我们希望你是自信的、骄傲的。前面说过，我们可以与自己以及他人建立愉快温暖的亲密关系。而我们现在要写的不再是这些，我们要来谈一谈黑暗的一面。

有的人不尊重他人拥有自己身体的权利，有的人故意越过他人的界限，进行性侵犯。

性侵犯很常见，它影响着儿童和成人。谈论性侵犯很重要，即使它可能是个让人不愉快的话题，但只有公开谈论它，我们才能表明我们关心这个问题。当我们大声呼吁时，实施侵犯的人便无处躲藏，而且受害者会得到一个明确的信息——并不是只有他们经历了这样的事情。

什么是性侵犯？

性侵犯是指在一个人不愿意的情况下对其实施性相关的行为。它可能涉及不必要的性接触，比如一个人猥亵另一个人。它也可能包括强迫他人对自己进行性行为，比如在网络摄像头前自慰。

最严重的性侵方式是强奸。强奸是指某人使用威胁、暴力或武力对他人实施性行为，包括将物体、手指或性器官插入对方身体中，位置包括阴道、肛门或口腔。

强奸可能是性交，但也可能不是。违背意愿的指交和口交也属于强奸。

除了暴力、威胁和武力，如果当事人睡着了或醉得无法抗拒，也属于强奸。

如果14岁以上的人与14岁以下的人发生了性行为，则自动构成强奸。即使14岁以下的人同意，也是不允许的。这是因为对儿童实施性行为是违法的。

谁实施了性侵犯？

最常见的加害者是熟人。可能是朋友、教练、亲属或恋人。如果加害者是受害者的亲属，则称为乱伦。

加害者通常看上去很好，与普通人别无二致。他们不是怪兽，不是像通常被描述的那样。遭遇性侵的人可能常常会很信任以及喜欢加害者，这使得在可怕的事情发生后，让受害人说出发生的事情变得更加困难。受害人会害怕没有人相信他们，也可能对发生的事情感到内疚。

如果遭遇了性侵该怎么做？

你第一时间一定要做的事情是告诉成年人。最重要的不是你告诉谁，而是你敢于告诉别人。

我们建议每一个遭遇了性侵的人都要尽快联系性侵害防治中心。越早联系，你就越能得到充分的帮助，永远不要觉得太晚。在性侵害防治中心，你可以跟有责任心的成年人交谈。如果需要，你也可以在自愿的前提下接受身体检查。这样，医护人员就能在受害者决定报警时提供证据。在挪威，每个郡都有自己的性侵害防治中心，大多数都是24小时开放的，不需要预约，而且都是免费的。

从来都不是你的错！

被性侵从来都不是你的错

遭受性侵的人通常会很久之后才告诉别人，因为他们会感到羞耻或内疚。他们觉得自己本应该做点什么，大声疾呼、尖叫、改变行为举止、少调情。无论你说了什么或做了什么，都不是你的错。你自己的身体和你自己的性意愿属于你自己，绝对没有人有权利在未经你同意的情况下拿走他们想要的东西。这一点即使在你结婚后或约会时也是如此。

网络上的性侵

很多人都遭遇过网络性侵。网络性侵者用一种特殊的方式来欺骗儿童，叫作性诱骗。他们通常假装自己比实际年龄小。他们伪装得很好，让人几乎无法判断他们是 13 岁还是 50 岁。受害者很容易就会上当受骗。

慢慢地，加害者与儿童建立了情感关系。他们假装善良，提供积极的关心，假装陷入了爱情。接着，他们可能会询问隐私信息。之后，他们会用这些信息强迫儿童做他们不想做的事情。让儿童发送裸照就是一种性侵行为。

智慧上网

- 要记住，你永远不知道你在跟谁聊天。
- 要记住，在网上说谎很容易。不要轻易相信别人发给你的每一句话。
- 社交媒体上的账户要设置权限，这样你就能够控制让谁关注你。
- 不要跟任何你不认识的人分享你的电话、地址和个人信息。
- 如果发生了不愉快的事情，请告诉成年人。成年人往往比你认为的更了解情况。
- 在跟不认识的人聊天时，不要发送你的照片、视频或打开摄像头。
- 如果有人说要你对你们之间的联系保密，要多加小心。
- 千万不要跟说自己"摄像头坏了"的人视频聊天。
- 千万不要去见你不认识的人。如果跟网上认识的人见面，叫一个成年人陪着你。
- 如果你遭遇了勒索或网络侵犯，记得向父母或警察寻求帮助。

裸 体

在 15 岁的女孩中，有五分之一曾与他人分享过裸照。裸照是指裸露乳房、臀部或生殖器的照片。

绝大多数人都是把裸照发给自己喜欢和信任的人。也许他们对自己的外表很自豪，希望得到赞美。也许他们没有安全感，想得到别人的肯定。还有的人可能觉得做那些明知不应该做的事情，让他们感到兴奋。

但还有将近三分之一的女孩发送裸照是被强迫的。

控制住！

不幸的是，很多人发现自己的裸照在网络上被公开了。

大多数有过这种经历的女孩只把照片发给了自己喜欢的人——比如她的男朋友。也许她的男朋友对这张照片感到很骄傲，于是把它发给所有的朋友炫耀。也有可能，她男朋友的朋友偷偷用了他的手机，把这张照片转发给了社交网络上的每一位好友。就这样，学校里的每一个人都看到了这张照片。有时候这种情况可能发生在分手后，因为前男友想要报复，所以把她的裸照分享在了社交媒体上。

在给别人发送自己的裸照之前，请想清楚可能发生的最坏情况。想一想如果照片被发给了其他人，会产生怎样的后果？对你会有怎样的影响？

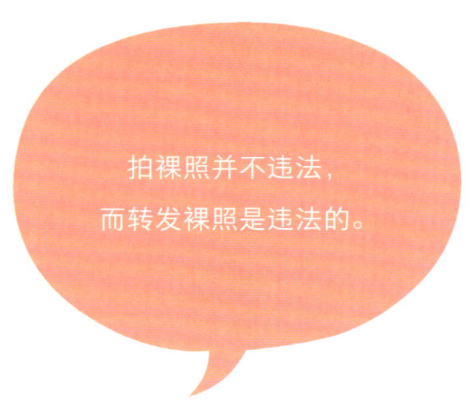

拍裸照并不违法，而转发裸照是违法的。

转发裸照是违法的

跟想看照片的人分享自己的照片并不违法。然而，在未经许可的情况下转发照片是违法的。如果照片中的人未满18岁，那么即使是把照片存放在手机或电脑里也是违法的。这会被视作拥有儿童色情作品，即使接收方是青少年也不可以。强迫他人发送自己的裸照也是违法的。

然而，照片被非法分享的女孩通常会感到羞耻，觉得会被他人指责。这导致很多青少年迟迟不去寻求帮助，他们宁可自己试着解决问题。

如果你或者任何你认识的人发现自己处于这种状况，我们希望你记住性同意的意思。跟你的男朋友分享照片并不等于你同意让全校的人都看到它。

有解决办法

尽快告诉成年人，这一点很重要。如果你不敢告诉父母，还有很多其他的成年人愿意帮助你。告诉别人这件事会让你感到尴尬和痛苦，我们明白这一点，但成年人往往比你想象的更能理解你的处境。

警方能够阻止照片传播，并收集电子证据。他们还可以帮你删除那些在互联网上传播的照片。总有人能够帮助你！

界 限

在年轻的时候,你的界限会受到考验。崭新的感受,比如恋爱和唤起,可能会让你想要更靠近别人的身体。不仅你会如此,你身边的人可能也会如此。你可能会发现有人想要抚摸你、捏你的屁股或试图亲吻你。你觉得有些情况下这种做法是很酷的,你很喜欢。而有些时候可能会让你不舒服,甚至感到恐惧。

这些矛盾的情绪会让生活变得困难、混乱。你对自己的身体做什么,以及允许其他人靠得多近,都是你的选择,你一个人的选择。但如果没有经过深思熟虑,你可能很难知道自己的界限在哪儿。有时我们能够提前弄清楚什么可以,什么不可以。还有的时候,我们只有在事后才能弄清。

现在也是试错的时候。发生的一切都是崭新的,没有人能够在第一次的时候就很擅长。误会可能会发生,错误也可能会发生。尽管如此,我们依然可以通过尊重和倾听对方,让情况变得更好。如果我们能做到这一点,就可以避免一些负面和难搞的情况。还有什么比这更好的呢?

怎样找到他人的界限？

并非每个人都有一样的界限。有些人对频繁的身体接触感到舒服，喜欢拥抱或抚摸朋友和熟人。有的人则喜欢距离大一些，拥抱和抚摸让他们觉得不适。

同一个人也不是每次都有一样的界限。有些人是我们信任的人，我们想让他们靠近我们。而对于有些人，我们本能地想要与他们保持一定的距离。

我们对同一个人的界限每次也可能不同。这取决于我们的心情。有时你想亲吻你的亲近的人或恋人，而其他时候你需要一个人静一静。

你是否曾经越过别人的界限？比如，你有没有亲吻过或拥抱过某人，而对方表示他们并不喜欢这样。记得要跟对方道歉。犯错是人之常情，但从错误中吸取教训很重要。

你的身体是你自己一个人的

你的身体是你的私人领域。谁可以靠近你由你自己决定。只有你能允许其他人对你的身体做什么。这是原则。

尽管如此，我们知道很多人很难说出真实的想法。很多人觉得自己无权拥有界限，觉得自己不配拥有界限。有的人会害怕对方生气，或者害怕自己说出想法后，别人会觉得自己不够酷或者太保守。还有的人会不断说服自己，认为让他人越过自己的界限并不是什么问题。

我们希望你能为你的身体、你的感受、你的原则设定好界限。这可能很困难，但是很值得，这件事会慢慢变得容易起来。

后 记

我们希望这本书能够让你的青春期变得更轻松。我们希望你知道,在遇到问题或困难时,永远不要觉得自己是独自一人——因为你是我们中的一员。每个女孩都是不同的,但我们经历了很多相同的事情,我们可以互相支持。现在你可以用学到的知识来帮助朋友了!

青春期总会结束,但青春期的结束只是另一段新旅程的开始,我们一生都在不断发生着变化。

如果你还想进一步了解自己的身体,欢迎之后继续关注我们。我们在《私密处的奇幻旅程》(The Wonder down under)一书中写了女性在生殖器和性行为方面需要了解的一切,你准备好的时候就可以读一读。也许今天还没有准备好,也许几年后也还没有。但无论何时,我们都期待能与你继续相伴前行。与此同时,我们祝你在未来的道路上一切顺利,迈向年轻女性的美好生活。

祝好!

妮娜和艾伦

图书在版编目（CIP）数据

女孩之书 /（挪威）妮娜·布罗克曼，（挪威）艾伦·斯托肯·达尔著；（挪威）玛格尼尔·文斯纳斯图；郭在宁译. -- 上海；上海三联书店，2023.4（2025.6 重印）
ISBN 978-7-5426-8043-3

Ⅰ.①女… Ⅱ.①妮…②艾…③玛…④郭… Ⅲ.①女性 – 青春期 – 健康教育 Ⅳ.① G479

中国国家版本馆 CIP 数据核字（2023）第 045351 号

JENTEBOKA (The Girl Book)
©Nina Brochmann, Ellen Støkken Dahl, Magnhild Winsnes
First published by H. Aschehoug & Co. (W. Nygaard) AS, 2019
Published in agreement with Oslo Literary Agency
Simplified Chinese edition copyright © 2023 by GINKGO (BEIJING) BOOK CO., LTD.
All rights reserved.

本书中文简体版权归属于银杏树下（北京）图书有限责任公司
著作权合同登记图字：09-2023-0213 号

女孩之书

［挪威］妮娜·布罗克曼　［挪威］艾伦·斯托肯·达尔　著
［挪威］玛格尼尔·文斯纳斯　图
郭在宁　译

责任编辑 / 宋寅悦　徐心童	选题策划 / 后浪出版公司
出版统筹 / 吴兴元	编辑统筹 / 郝明慧
特约编辑 / 刘叶茹	装帧设计 / Yichen
内文制作 / 李会影	责任校对 / 张大伟
责任印制 / 姚　军	

出版发行 / 上海三联书店
　　　　　（200041）中国上海市静安区威海路 755 号 30 楼
邮　　箱 / sdxsanlian@sina.com
联系电话 / 编辑部：021-22895517
　　　　　发行部：021-22895559
印　　刷 / 天津裕同印刷有限公司
版　　次 / 2023 年 6 月第 1 版
印　　次 / 2025 年 6 月第 6 次印刷
开　　本 / 720mm × 1000mm　1/16
字　　数 / 170 千字　　　　　　　　　　　印　张 / 15.5
书　　号 / ISBN 978-7-5426-8043-3 / G · 1670　定　价 / 118.00 元

后浪出版咨询（北京）有限责任公司　版权所有，侵权必究
投诉信箱：editor@hinabook.com　　fawu@hinabook.com
未经许可，不得以任何方式复制或抄袭本书部分或全部内容
本书若有印、装质量问题，请与本公司联系调换，电话：010-64072833